分裂と統合で読む日本中世史

谷口雄太

山川出版社

『分裂と統合で読む日本中世史』――目次

終章　歴史から学べることは何か

※本書に出てくる研究者名のうち、物故者のみ読み仮名をつけた。

序章　日本史上もっとも複雑で曖昧だった中世と現在

我われは「分裂と統合」のはざまに生きている

いま、世界情勢は「分裂と統合」をめぐって揺れている。

アメリカと中国の国家間対立（いわゆる「新冷戦」）は、二〇二〇年に世界中で顕在化した新型コロナウイルス感染症によっていっそう深刻化したが、アメリカではトランプ政権の是非をめぐり国内の分断が加速し、団結を主張したバイデン政権が誕生した。一方、中国では民主化を求める人びとを軍事力によって弾圧した天安門事件（一九八九年）から三十年以上を経たいまも、中国共産党による一党独裁的で抑圧的な統治が続いている。そして、強権的な「ひとつの中国」原則をめぐっては、香港・台湾・チベット・ウイグル・内モンゴルなどの諸地域で反発が強まり、ことは深刻さを増している。

ヨーロッパも他人事ではない。二〇二一年、イギリスがＥＵ（欧州連合）から名実ともに離脱し（ブレグジット）、移民・難民・テロなどもあいまって、加盟各国では国家意識（ナショナリズム）が高まるなど、ＥＵ統合はいま重大な岐路に立たされている。
このように世界の各地で分裂が加速・深刻化している現在、我われに解決策はあるのだろうか。だがその一方で、自由であることや多様であること、それ自体に本来問題はないはずである。いま問われているのは、分裂と統合、その均衡・協調であると思われる。筆者はここで、一方的に分裂が悪で統合が善（あるいはその逆）という考え方（価値判断）に与するつもりはない。分裂と統合を、まずは歴史的な出来事として把握したいのである。

ひるがえって、現在の日本国内ではどうなっているのであろうか。この点、例えば「中央―地方」の関係を見てみると、東京一極集中や地域格差など様々な問題が眼前の事実として存在していることに、否応なく気づかされるはずである。そして、大阪都構想（副首都構想）や道州制、地方分権や地域創成など、議論・解決すべき課題は山積しており、日本でも分裂と統合の問題は遠い世界の出来事ではない。

こうした「中央―地方」の関係は、新型コロナウイルス感染症の対応に際し、地方政府（地方自治体・地方公共団体）による自律的な医療体制の構築や、中央政府（国家）との「攻防」などといった場面からもうかがえたが、とりわけ東京都・大阪府・北海道・和歌山県をはじめとする地方政府・首長の動きが、メディアによって大きく報じられたことは注目すべき事実であった。

このように、世界でも日本でもいま、分裂と統合、分権と集権、多様と統一をめぐって激しく揺れており、多様が分断に陥ることや、統一が抑圧に陥ることにならないような知恵が求められている。

この点について、世界的なベストセラーとなった『サピエンス全史—文明の構造と人類の幸福』（上下、河出書房新社、二〇一六年、原著二〇一一年）の著者で、イスラエルの歴史学者であるユヴァル・ノア・ハラリ（一九七六〜）は、新型コロナウイルス感染症発生のかなり早い段階で、コロナ後の時代に世界は団結するのか、それとも分断されるのか。各国政府は権力を集中するのか、否か。我われはその選択＝未来を迫られるであろう、と警告を発していた（「フィナンシャル・タイムズ」二〇二〇年三月二十日付）。

以上のように、「分裂と統合」の問題は、グローバル化した人類の未来にとって大きな課題として我われの目の前に存在している。ただし、この問題は現代にはじまった話ではなく、近代に発生した「病」でもない。それは過去、常に問われつづけてきた課題だったのであり、それゆえに、かかる問題を解決する鍵は、必ずや「人類の歴史」のなかにこそあるはずである。

日本に過去、「分裂」の時期はあったのか

筆者は、いまから四百〜九百年前の「中世」という時代の「日本」を研究している。とくに十五世紀から十六世紀にかけての戦国期、大名たちが実力をもって各地に盤踞《ばんきょ》した時代に、それでもなお、足利《あしかが》氏が将軍として列島社会の頂点に君臨しえたのはなぜか、その謎を解明することを主なテーマとしている。すなわち、戦国期日本における分裂と統合の問題を考えているのである。

かかる分裂と統合（戦国期に限らず、「分裂的な中世」という時代における日本列島全体の統合）という問いは、じつは筆者だけの課題ではない。現在の日本史学界でおおいに注目されている最先端の課題であり、それゆえに、この問題をめぐっては、じつにユニークで興味深い論点が日々蓄積されているところである。

そこで、本書では、「分裂と統合」、このふたつの視点から過去（日本史、とりわけ中世史）をとらえることによって、日本史研究のなかで日々繰り広げられている熱い議論を紹介するとともに、じつは多様な様相を呈していた社会のなかで、列島の統一はいかに果たされていたか、について見極めることによって、「分裂と統合」が課題となっている現在に活かせるヒントを探ってみたいと考えている。

だが、ここですぐさま確認しなくてはならないことは、そもそも日本史のなかに「分裂」などあったのか、という点であろう。

というのも、古来日本という国は、天皇を頂点に統合された単一的な国家であり、それゆえに多元的なイメージなどない、と思われている方も意外と多いからである。事実、日本は四方を海に囲まれた小さな島国で、単一の文化・言語・民族を持つひとつの国家である、という主張は、様々な場でよく耳にする話である。

しかし、こうした認識にはいろいろと疑問も多い。まず、単一民族云々についていえば、「日本人＝単一民族観」の定着は戦後のことで（戦前の大日本帝国時代は「多民族・混合民族観」が主であった）、民族概念自体がそもそもフィクションであることは、社会学者の小熊英二（一九六二〜）や社会心理学者の小坂井敏晶（一九五六〜）がすでに明らかにしているところである。[1]

また、**日本列島が南北に長く、その面積も意外と大きい**（領海や排他的経済水域などを含めると世界有数の広さとなる）という事実も、案外知られていないのではないだろうか。

試しに、次ページの地図をご覧いただきたい。これはヨーロッパの上に日本列島を置いたものである。これを見ると、日本列島（千島列島南部の北方領土から、宮古・八重山・尖閣《せんかく》の先島《さきしま》諸島まで）が、北欧（スカンディナヴィア・ユトランド）から、ドイツ・フランスを貫いて、南欧（イベリア）・大西洋にいたる広大な地域をカバーしていることが一目でわかるだろう。

気候帯でいえば、北海道の冷帯（亜寒帯）から沖縄県の亜熱帯まで広がっている。両地域の気温差は三〇度を超えることもあり、ときにその差はなんと五〇度近くになることもあるという。

このようにヨーロッパの国々と比較してみると、日本が存外小さくなく、南北に非常に長い国であることが判明するはずだ。日本を小さな国だと感じてしまうのは、周りにロシア（世界一位）や中国（世界四位）といった面積の大きな国があるからにほかならない。

そして、北欧から南欧にかけてのヨーロッパの国々が、同一の文化・言語であるなどとは誰も言わないのと同じよ

1　小熊英二『単一民族神話の起源―〈日本人〉の自画像の系譜』（新曜社、一九九五年）、小坂井敏晶『民族という虚構』（東京大学出版会、二〇〇二年）

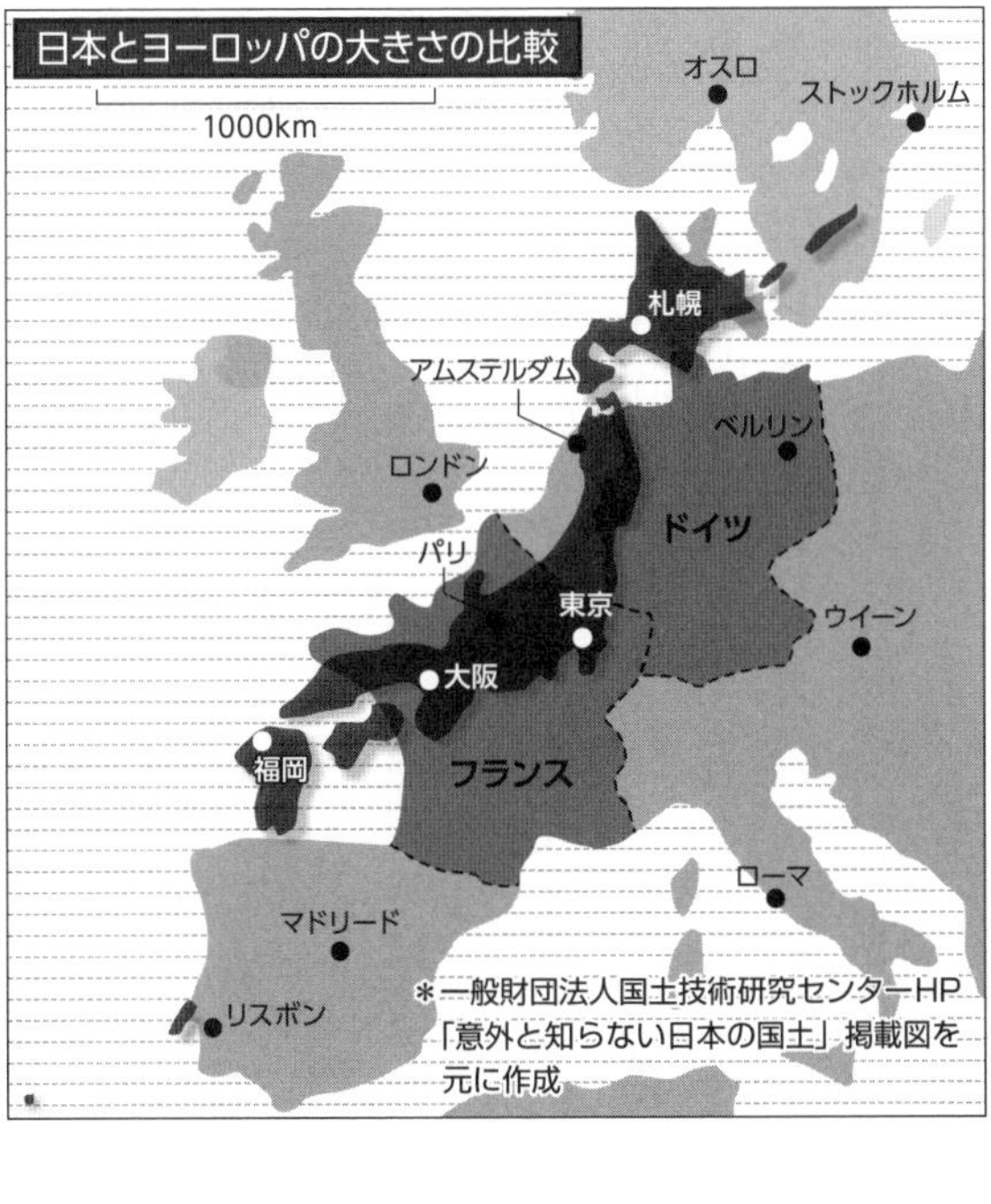

うに、日本のそれもまたじつに多様・多彩であり、事実、長い歴史のなかで、列島社会には豊かな地域的・文化的多様性が育まれてきたのである。

赤坂憲雄と網野善彦が提唱した「多様性」

このような多様・豊穣なる日本列島の諸地域を、「いくつもの日本」として理論化し提唱したのが民俗学者の赤坂憲雄（一九五三〜）である。

赤坂はその代表作ともいえる『東西／南北考―いくつもの日本へ』（岩波新書、二〇〇〇年）や『いくつもの日本』シリーズ全七巻（岩波書店、二〇〇二〜〇三年）などによって、既存の常識であった統合的で単一的な「ひとつの日本」なるものは、じつはまったく自明ではないとして、東北地方をはじめとする列島各地のユニークな個性、すなわち「いくつもの日本」を、民俗学的・具体的に次々と浮かびあがらせた。そして日本の列島社会の多様性を、我われの目の前に豊かに描き出してみせたのである。

そのような赤坂の姿勢に強い影響を与えたのが、歴史学者の網野善彦《あみのよしひこ》（一九二八〜二〇〇四）である。網野もまた、著書『東と西の語る日本の歴史』（そしえて、一九八二年）や『「日本」とは何か』（講談社、二〇〇〇年）などにおいて、列島社会が極めて多様な個性を持った複数の地域から構成されていることを、歴史学的な視点から具体的に次々と実証していった。そして、日本が単一民族・単一国家などというのは、事実に反するまったくの虚構であるとも言いきった。そのラディカルでパワフルな研究姿勢に魅せられた読者も少なくないはずだ。

ここでは、列島社会の多様性を主張してきた代表的な論者として、民俗学・歴史学からひとりずつ、赤坂・網野を挙げるにとどめるが、彼らは「ひとつの日本」を批判し、列島各地の地域的な個性を徹底的に追究することによって、分裂しかねないほどに多様・多彩であったこの国の姿を明らかにすることに貢献し、実りある成果を多数あげたといえる。

事実、網野はおおよそ一九八〇年代から九〇年代にかけて、日本中世史を中心に列島のなかの地域史・社会史を牽引《けんいん》し、多数の著書を上梓《じょうし》したことで、研究者にとどまらず数多くの一般読者をも魅了した。このことは、二十世紀末から二十一世紀初における歴史学・民俗学研究の上質なるワンシーンを鮮やかに切り取るものとなっている。

なお、赤坂の「いくつもの日本」論に対して、網野自身は批判的な部分もあったようで、両者の意見が完全に一致していたというわけではない。網野は、〝日本という国家〟は七世紀末に成立したものであって、超歴史的・普遍的な概念ではないと主張しており、「日本」という言葉の使用法に関しては赤坂よりも厳密であったという（この点は、赤坂氏本人からご教示を得た）。

筆者もまた、赤坂のいう「いくつもの日本」概念は、「いくつもの地域」と呼ぶほうが妥当ではないかと思う部分もある。しかし、列島社会の多様性について、赤坂の「いくつもの日本」という概念が、現状ではもっとも優れた理論化であると考えており、同時に、すでに広く参照されているものでもあることから、以下、この概念を筆者なりに発展させて活用していくことをお断りしておきたい。

「地域史・社会史」から「国家史・全体史」へ

それから約二十年が過ぎ、**赤坂憲雄や網野善彦が提起した問題は、現在どうなっているのか。**本書の内容に即して結論からいえば、彼らが提唱した分裂的な「いくつもの日本」を踏まえて、それでもなお、まがりなりにも存在した統合的な「ひとつの日本」をどう説明するか、へと議論は移行している。すなわち、列島社会の多様性という赤坂や網野らの議論は、やや後景に退き（筆者はこうした研究はある程度まで行き着き、方法論もすでに常識化したと考えているが）、〝日本の統一性〟という課題が現在問われているのである。

この点、赤坂や網野が「いくつもの日本」について前記の書物を世に送り出していた頃（二十世紀末〜二十一世紀初）というのは、筆者はまだ小学生から高校生の段階であり、当時の状況をリアルタイムで認識しているわけではない。その後、二〇〇〇年代に大学生となり、二〇一〇年代に日本史研究を本格化させた筆者やその前後以降の世代にとっては、赤坂らの「いくつもの日本」論はすでにやや過去の問いとなってしまっており、赤坂や網野の成果や時代状況は、再発見するという感覚に近いものがある。そしてもはや、網野の名前すら知らないという史学科の学生も少なくない。時代とともに、当然ながら歴史学研究の流れも変わるのである。

そうしたなかで、いまや筆者は亡き網野と同じ日本中世史を専攻し、赤坂のフィールドである民俗学の世界にも大きな関心を抱きながら、「ひとつの日本」について考えている。本書のタイトルともなっている「分裂と統合」（「いくつもの日本」と「ひとつの日本」）という問題設定は、冒頭で述べたように現在の人類史的な課題を切り拓《ひら》くキーワードであるが、じつはいま述べたように、過去の歴史学研究の潮流変化（史学史）をひもとくうえで重要な概念でもある。

この点、これまでの歴史学での意見や議論を振り返ってみると、網野がリードしていた一九八〇年代から九〇年代の研究状況（地域史・社会史の全盛期）に対して、まさしく同時代の一九八〇年代、歴史学者の黒田俊雄《くろだとしお》（一九二六〜九三）は、それらを「近年の流行」とやや批判的に眺《なが》め、国家史・全体史も論じる必要があると強調していた。[2] また、二〇〇〇年代、歴史学者の永原慶二《はらけいじ》（一九二二〜二〇〇四）も、分裂の重要性それ自体は認めつつも、それらがいかにして今

2　黒田俊雄「中世における地域と国家と国王」（『歴史科学』一〇九、一九八七年）

度は統合へと向かうのか、この問題がいっそう重大な課題であると問題提起していた。[3]
黒田・永原の両者は、戦後を代表する歴史学者であり、その発言は重い。
さらに、二〇一〇年前後、東北大学出身の永井隆之（一九七一〜）・片岡耕平（一九七六〜）・渡邉俊（一九七七〜）ら日本古代史・中世史研究の若手世代も、日本史学界に根づく国家史軽視の状況を嘆き、いまここにある日本という国家の来歴を、実証的に説明しようとする姿勢を失ってはならない、と警鐘を鳴らしていた。[4]平成十八年（二〇〇六）に彼らが企画したシンポジウム（「中世における統合の契機とその構造」）の会場は出席した研究者からの冷笑に包まれたというが、統合を説明する必要性は確実に存在するのであって、明らかに、かつて（網野らがいた時代）の地域史・社会史重視から、現在の国家史・全体史重視へ、という流れが見えてきていた。
同様に、民俗学とその周辺での意見や議論も眺めてみると、二〇一〇年前後、日本古典文学研究者の永池健二（一九四八〜）は、現在の民俗学が、その創設者たる柳田國男《やなぎたくにお》（一八七五〜一九六二）のみならず、「日本という命題」（「一国民俗学」）それ自体も、過去のものにしてしまった状況を疑問視していた。[5]また、民俗学者の室井康成（一九七六〜）も、地域・個別についての研究が席巻《せっけん》し、日本語を主たる母語とする人びとの集住域と国家の範囲がほぼ一致するにもかかわらず、日本についての研究が事実上無化されている現状を強く批判していた。[6]
ここでも、「地域研究・個別研究」から、「日本研究・一国研究」へ、という流れが読み取れる。

双方とも欠かせない「ふたつの旋律」

このように、二十一世紀に入ってからの歴史学・民俗学研究の潮流を眺めると、赤坂憲雄の言葉を借りるならば、総じて「いくつもの日本」から「ひとつの日本」へと検討の対象を移行させてきたということがわかる。

より正確にいうならば、赤坂や網野は、それ以前の「統合的な日本」像（赤坂の場合は、柳田國男の打ち出す日本論であり、網野の場合はいわゆる皇国史観や唯物史観といえる）の相対化を目指して「分裂的な日本」像を打ち出したわけである。しかし、いまや研究の潮流は、ふたたび「統合的な日本」に向かっているということになる。いわば、新しい「ひとつの日本」研究である。もちろん、それは実証面での精緻化、理論面での多様化を経ている以上、単なる原点回帰など

3 永原慶二『二〇世紀日本の歴史学』（吉川弘文館、二〇〇三年）
4 永井隆之・片岡耕平・渡邉俊編『日本中世のNATION』シリーズ全三巻（岩田書院、二〇〇七～一三年）
5 永池健二「〈日本〉という命題—柳田国男・「一国民俗学」の射程」（柳田国男研究会編『柳田国男・主題としての「日本」』梟社、二〇〇九年）
6 室井康成「重出立証法の可能性—福田アジオ理論の誤謬的受容とその影響に関連させて」（柳田国男研究会編『柳田国男以後・民俗学の再生に向けて—アカデミズムと野の学の緊張』梟社、二〇一九年）

ではありえない。そうではなく、多様化・精緻化した事柄（「いくつもの日本」）を比較・総合して、今度はそれをいかにして全体（「ひとつの日本」）として語りうるのかという話である。

これは、先にも触れたように、分裂が悪で統合が善という単純な二分法ではなく、黒田俊雄や永原慶二ら歴史学の先達・研究史が要請していた話である。それゆえ、かかる動向に対して日本国家の絶対視（「右傾化」）だ、などとする批判は的を外しているといわざるをえないだろう。

この点、近年、研究史を整理した歴史学者の桜井英治（一九六一〜）は、二十一世紀初以降（網野以後）の動向を、地域史・社会史から国家史・政治史への「大きな逆流」が訪れたと総括し、これまでに蓄積されてきた個別の成果を総合して、新たな全体像を描いていかないことには、歴史学は魅力ある発信ができないと強調している。[7]

まさに、「いくつもの日本」という回路を一度経たうえでの、必然としての「ひとつの日本」である。換言すれば、**「分裂を否定しての統合」ではなく、「多様性を踏まえたうえでの統一性」の追究**である。桜井は、最近文庫化された網野善彦ら四人の中世史研究者による『中世の罪と罰』の解説文でも、二十世紀末から二十一世紀初にかけて社会史ブームが徐々に下火となっていき、その後は統合を重視する議論が再台頭し、現在もその状況が継続していると述べている。桜井はそこで、歴史学研究の潮流を「分裂・統合」を双極とする振り子をモデルとして語っており、それによれば、現在の流れは分裂のほうから統合のほうに揺れているということになろう。[8]

このような「いくつもの日本」と「ひとつの日本」の議論を考えるうえで、印象的な言葉を残したのが歴史学者の石井進《いしいすすむ》（一九三一～二〇〇一）である。

石井は網野と地域史・社会史を領導するとともに、中学・高校時代に柳田國男の薫陶《くんとう》も受けるなど、歴史学・民俗学など多方面に精通した研究者であった。その石井が、かつて日本史（中世史）研究を総括したとき、そこには「分裂的側面」「統合的側面」のふたつの潮流があり、それを石井は「ふたつの旋律」と述べた。そして、この「分裂・統合」の両側面を一体的に把握することが重要だ、と語ったのである。[9]

すなわち石井は、この列島社会に流れる「分裂・統合」の一方のみでは日本（中世）の全体を語ることなどできないとし、それは中世社会の問題であると同時に、過去を認識する主体（すなわち研究者）を包んでいる現在の日本社会の問題でもあり、そのなかに生きる歴史家それぞれの思想と生き方の問題でもあると喝破した。この石井や赤坂の言葉を借りつつ、いま本書に即して現在の課題をいうならば、「いくつもの日本」を踏まえながら、今度は「ひとつの日本」も考えるということになろう。

7　桜井英治「中世史への招待」（『岩波講座日本歴史』六〈中世一〉、岩波書店、二〇一三年）
8　桜井英治「文庫解説」（網野善彦・石井進・笠松宏至・勝俣鎮夫『中世の罪と罰』講談社学術文庫、二〇一九年）
9　石井進「中世社会論」（『岩波講座日本歴史』八〈中世四〉、岩波書店、一九七六年）

このように、現在の日本史研究には「分裂のなかの統合」という熱い問いが存在する。本書では、赤坂や網野の業績を踏まえつつ、彼らが拓いたステージの「次」に進んでみたいと思う。

なぜ「中世」に注目するのか

そこで本書では、以下のような構成をとりたい。

まず第一・第二部では、これまでの歴史学研究の成果を踏まえて、列島社会の歴史的な多様性（「いくつもの日本」）について眺める。そのうえで第三部では、日本の統一性（「ひとつの日本」）について考えてみたい。

多様性について、第一部では、**列島の東西・南北・内外などという「場」（地域的・空間的な領域）**から、第二部では、**朝廷・幕府・寺社・身分などという「人」（政治的・社会的な勢力）**から検討する。対して統一性に着目する第三部では、第一・第二部において眺めてきた多様性を**「統合していく核」**となるべき要素、具体的には、**中央・首都という「場」**と、**天皇・将軍という「人」**について考察する。

いずれも時代的には全時代に触れることになるだろうが、基本的には筆者の守備範囲である中世を主な分析対象とする。それはなぜか。理由は以下のふたつである。

すなわち、**①分裂度の高さ**（多様性・分権性が顕著）、**②「新しい中世」論の存在**[10]（近年における国際政治学での議論）である。以下、具体的に説明してみたい。

①分裂度の高さ。通常、日本史の分野では（原始・）古代・中世・近世・近代（・現代）という時代区分がとられている。おおよそ十一世紀までを古代、そこから十六世紀中葉までを中世、そこから十九世紀中葉までを近世、それ以降を近代としている。そのなかで、近代が集権的・統合的であることはいうまでもないが、近世（幕藩体制）や古代（律令体制）のそれと比較してみても、中世の分権性・分裂性の高さは明らかである。

つまり、列島社会がもっとも分裂していた時期、それが中世（その極北が戦国期）といえるのであり、それでもなお日本が解体せず、まがりなりにも統合を保った事実は、その「統合の核」となる存在を考えるうえで、最適のケース・スタディーとなるだろう。これが、中世に注目する理由のひとつである。

②「新しい中世」論の存在。唐突に思うかもしれないが、これは二十一世紀（ポスト近代＝現代）の世界情勢が中世（モデルは西欧の中世であるが、日本の中世にもあてはまる）とよく似た状況になりつつあるのではないかというもので、主に国際関係論の場で提起されている話である。

10　ヘドリー・ブル著、臼杵英一訳『国際社会論―アナーキカル・ソサイエティ』（岩波書店、二〇〇〇年、原著一九七七年）、田中明彦『新しい「中世」―二一世紀の世界システム』（日本経済新聞社、一九九六年）

筆者はかねてよりかかる議論に注目しており、専門は違えども隣接分野で行われている話題、しかもよりによって中世を論じている話から目を逸《そ》らしてよいとは思っていない。

例えば、近年再注目されているというオーストラリアの国際政治学者ヘドリー・ブル（一九三二〜八五）は、その著書『国際社会論—アナーキカル・ソサイエティ』（岩波書店、二〇〇〇年、原著一九七七年）で、「新しい中世」（近代主権国家体制の相対化。国民国家の「否定」ではない）の特徴として、以下の五点を挙げている。すなわち、**①国家の地域統合**、**②国家の分裂**、**③私的な国際的暴力の復活**、**④国境横断的な機構**、**⑤世界的な技術の統一化**である。

これらは現在でいえばそれぞれ、①ＥＵ、②自立する地方政府、③国際テロリズムとテロ組織、④ＧＡＦＡ（グーグル・アップル・フェイスブック・アマゾン）に代表される巨大グローバル企業（ＩＴ企業）やＮＧＯ（非政府組織）、⑤ＳＮＳ（ソーシャル・ネットワーキング・サービス）や暗号資産（仮想通貨）などが該当するのではないだろうか。

そしてこれらが一元的・近代的な主権国家体制を相対化させるのである。もちろん、国家を否定するのではなく、国家自身も再編・強化されるのであるが、国家は唯一絶対的なものではなく、①〜⑤と競合する相対的な主体のひとつへと変化していくというわけである。ヘドリー・ブルは、それにより、極めて重層的で分節化された世界（「新しい中世」）が再来するのではないかと見通している。

「現代との類似性」に迫る

現代の日本にも、「新しい中世」論を提唱する研究者がいる。代表者のひとりが国際政治学者の田中明彦（一九五四〜）である。田中は『新しい「中世」――二一世紀の世界システム』（日本経済新聞社、一九九六年）を著し、同書はこれまで二度も文庫化されている（二〇〇三年・一七年）。

そのなかで田中は、近代を挟撃しつつある「新しい中世」と、「かつて実在した中世」の類似点・共通点として、**多様な主体の存在**（西欧中世では、皇帝・国王・貴族や教皇・司教・修道院などの分立。日本中世では、公家・武家・寺社勢力などの競合）、**複雑な帰属意識**（各勢力への両属・多属や、重層的な裁判権）、**流動的な領土認識**（揺れ動く境界線）、**内外の曖昧化**（区別困難な国内―国際関係）、**多元性と同居する普遍性**（西欧中世では、教皇・皇帝の存在。日本中世では、天皇・将軍の存在）を挙げる。そして、田中は、西欧中世史の研究者である樺山紘一（一九四一〜）との対談で、現代を考えるうえでは、中世は重要な鍵になると予測している。[11]

こうした議論に、二〇一〇年代、日本中世史の研究者も呼応しはじめている。例えば鈴木國弘（一九三七〜）、東島誠（一九六七〜）、呉座勇一（一九八〇〜）などが、そろってポスト近代（現代）

11　樺山紘一・田中明彦「「中世」を読み直す楽しみ――「暗黒の中世」から「新しい中世」へ」（『中央公論』二〇〇二年四月号）

を「新しい中世」と指摘している。[12] 要は、**「集権性の高い古代」↓「分権性の高い中世」↓「集権性と分権性が均衡する近世」↓「再び集権性の高い近代」**ときて、**「現代は再び分権性の高い時代」**へと移行・循環しつつあるということなのだろう。実際、分権性の話は、世界でも日本でも最近よく耳にするのではないだろうか。

つまり、もし仮にいまが近代だったならば、中世は他者（異文化）としてとらえられたであろうが、すでにポスト近代（現代）に突入してしまっている現在、もはや中世は他人などではない。現代＝「新しい中世」に生きる者として、過去（かつて実在した中世）は、先例・参考となるのではないか。いま、中世的思考を知る意味は、少なくないと考えるゆえんである。

中世を学ぶ意味は何か。かつては「近代との異質性」（近代を相対化すること）にあったといえるだろう。[13] だが筆者は、いまや「現代との類似性」にこそあるのではないかと感じている。もちろん、近代はまだ終わってはいないので「近代的思考」も必要である。しかし同時に、「中世的思考」もそれに劣らず、これからは重要になってくるのではないかと思う。

「統合の核」の解明

以上を踏まえ、以下、全体の見取り図を述べておきたい。

本書は一般読者を主な対象としている。内容は、立教大学・川村学園女子大学・白百合女子大学での入門・教養講義が好評だったこともあり、それをベースに、編集者とのやり取りを踏まえて構成し直したものである（その際、受講学生や、担当編集者、そして、編集者を通して知り合った民俗学者の赤坂憲雄・福田アジオ・室井康成各氏など、様々な方々から多数の示唆を得たことを付記する）。

そのため、第一部と第二部では列島社会の多様性や日本について考え抜いた「知の巨人たち」の学説や著作を丁寧に紹介することに意を注いだ。必ずや日本史に対する見方が変わってくるはずなので、まずは第一部と第二部から目を通していただき、分裂しかねないほどに多様・豊穣な日本の姿・奥深さ、各地・地域が秘めた潜在力を感じてもらいたい。

これに対して第三部は、日本（中世）の統一性＝「統合の核」、その存在の解明について、筆者の見解も含めて現時点での研究成果を提示することに努めた。

この点、例えば歴史学者の高橋典幸（一九七〇〜）による直近の研究史整理のなかにおいても、

12　鈴木國弘「「新しい中世」の時代の到来と歴史学的対応の試み—今後の自力救済論のあり方に関する試論」（『史叢』八二、二〇一〇年）、東島誠『自由にしてケシカラン人々の世紀』（講談社選書メチエ、二〇一〇年）、呉座勇一『一揆の原理—日本中世の一揆から現代のSNSまで』（洋泉社、二〇一二年）

13　佐藤雄基「日本中世史は何の役に立つのか—史学史的考察と個人的覚書」（『史苑』七九—二、二〇一九年）

「中世はさまざまな組織・集団が、それぞれ「公」的な性格を備えて分立した時代であった。その一方で、社会全体が分裂・解体に向かうことはなく、一定のまとまりが保たれている時代でもあった。分立する組織・集団を結びつけていたのはいったい何だったのであろうか。これは簡単に答えることのできない難問である」と記している。[14]

つまり、「統合の核」の解明は、現在の学界レベルでも依然未解決のままということである。かかる問い（難問）に答え、「統合の核」に少しでも迫ること、本書の第三部はこの地平を目指そうとするものである。

中世という日本史上もっとも複雑で曖昧だった時代に、列島社会に生きた多様な地域の様々な人びとは、いかにして共存していたのか。多様性を維持したうえでの統合、これを可能とした核とは何か。それを探ることで、「新しい中世」（現代）のなかでどうすれば異なる他者とともに存在することができるのか、そのヒントの一片でも得られればと思っている。

なお、本書では研究者たちが蓄積した多くの業績が詰まった書籍・論文類を紹介している。巻末には、読者の便を考え章ごとの「参考文献一覧」を整理・用意した。読者諸氏の関心に沿って活用していただければ幸いである。

14　高橋典幸「中世史総論」（高橋典幸・五味文彦編『中世史講義―院政期から戦国時代まで』ちくま新書、二〇一九年）

I部

「場」「地域」からみる〈いくつもの日本〉

第一章　東と西──もっともポピュラーで根深い問題

現代でも意識される〃東西の差異〃

日本の多様性を考えるうえで、はじめに東西の問題から取りあげたい。それは、東日本と西日本の違いから列島の〃地域的な差異〃がじつによく見えるからである。

現在でも、言語（方言）などの東西の相違についてはよく耳にするであろうし、食文化などをとおして実際に〃地域的な差異〃を体験されたという方も少なくないだろう。事実、これから見ていくように、文化や言語をはじめとして東日本と西日本のあいだにはかなりの違いが存在し、鎌倉と京都、江戸と上方《かみがた》、東京と大阪など、東西関係は歴史的にも重要な課題が多い。総じて、東日本と西日本の比較という視点は、現代日本の国民にとってもおそらくかなりなじみ深いテーマであると思われる。

例えば、次ページの図をご覧いただきたい。この地図は、雑煮《ぞうに》（一般に餅の入った汁物で、民俗学的には正月などのハレの日に食べる）の文化圏を可視化したものである。

　これを見ると、すまし汁・味噌《みそ》仕立て・小豆《あずき》汁など、列島地域によって雑煮の文化がじつに多彩であることが判明し、おおよそ中部地方のあたりにおいて、餅のかたちが二分されていることに気づく（東日本の角餅、西日本の丸餅）。

　そうしたなかで、孤島のように山形県の一部が丸餅で、また九州の一部が角餅であることは気になる。他方、正月の期間に餅を搗《つ》かない・食べない・供《そな》えないという、「餅なし正月」の文化や風習を持つ家・一族・場所などが存在することにも気をつける必要があるが、[1]こうした例からも日本列島の東西において食文化がかなり異なってい

1　坪井洋文『イモと日本人―民俗文化論の課題』（未來社、一九七九年）、安室知『餅と日本人―「餅正月」と「餅なし正月」の民俗文化論』（雄山閣出版、一九九九年）

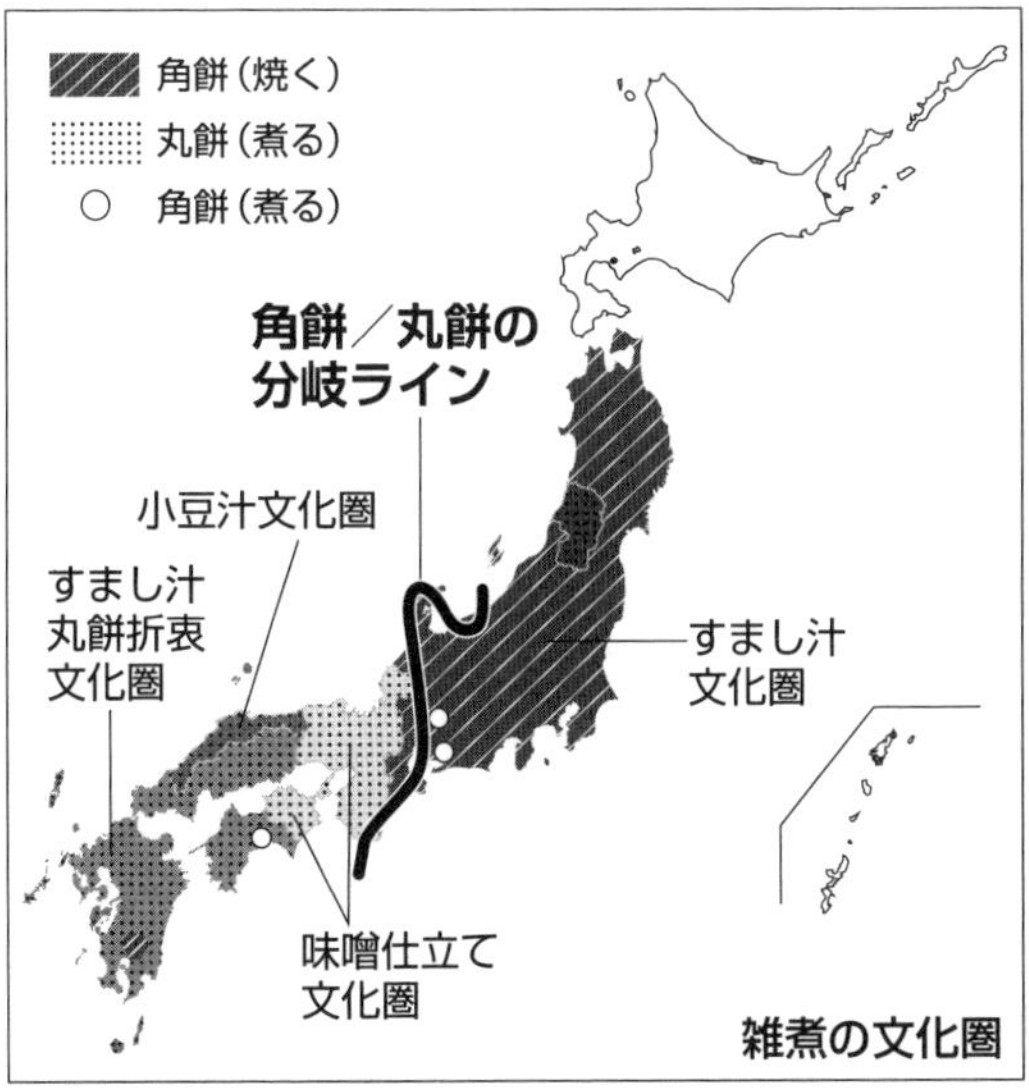

農林水産省発行webマガジン『aff』2020年１月号掲載図を元に作成

ることは明らかだろうと思う。そして、その境界線がおおよそ石川県・福井県・岐阜県・三重県・和歌山県のあたりに引かれ、先に挙げた図を見ると、岐阜県の関ケ原《せきがはら》周辺がその分岐点であるという点には興味を覚えざるをえない。

積みあげられてきた歴史・民俗学研究の成果

こうした東西の差異については、すでに文化・言語など様々な分野・角度から論じられている。例えば、一九五〇年代には古代・中世における「東国と西国」という論考二本を含んだ法制史の石井良助《いしいりょうすけ》『大化の改新と鎌倉幕府の成立』(創文社、一九五八年)があり、一九六〇年代には食や服飾、芸能や気質など、様々な文化的観点からの比較を行った経済史の宮本又次《みやもとまたじ》『関西と関東』(青蛙房、一九六六年)がある。

また、一九七〇年代にも東西の対抗関係・対比関係から日本の通史を描きなおそうと試みた古代史の高橋富雄《たかはしとみお》『日本史の東と西』(創元新書、一九七二年)や文化史の林屋辰三郎《はやしやたつさぶろう》『日本文化の東と西』(講談社現代新書、一九七四年)などの先駆的で斬新な業績がある。

続く一九八〇年代には、国語学の大野晋《おおのすすむ》や民俗学の宮本常一《みやもとつねいち》、そして考古学の芹沢長介《せりざわちょうすけ》など、各界の著名研究者が執筆した『東日本と西日本』(日本エディタースクール出版部、一九八一年。なお、同書の初出は一九六〇〜六一年に『日本読書新聞』で連載された)、中世史の網野善彦《あみのよしひこ》が単独でまとめあげた『東と西の語る日本の歴史』(そしえて、一九八二年)が刊行された。

そして一九九〇年代には、東日本・西日本、北日本・南日本をはじめ、太平洋側と日本海側、海と山など、列島を走る様々な文化的境界線を縦横無尽に論じた民族学の大林太良《おおばやしたりょう》『東と西海と山―日本の文化領域』(小学館、一九九〇年)、「東の番、西の衆」という列島東西の村落構造の違いを述べた民俗学の福田アジオ『番と衆―日本社会の東と西』(吉川弘文館、一九九七年)などの、いまや古典的・正統的な名著が世に出た。

さらに近年では、中世の東西南北について歴史学・考古学の立場などから迫った小野正敏・五味文彦・萩原三雄編『中世の系譜―東と西、北と南の世界』(高志書院、二〇〇四年)や、中世史研究者(六名)の最新成果について川岡勉が編んだ『中世の西国と東国―権力から探る地域的特性』(戎光祥出版、二〇一四年)が刊行されている。そして中世史の保立道久と風俗史の井上章一による「歴史対談、東と西―やはり、日本に古代はなかった」をはじめ、方言・食文化・大学などをテーマに特集「日本文化の東と西」を組んだ『HUMAN』08号(平凡社、二〇一六年)、内閣支持率・政党支持率と地域差というユニークな視点から「東の野党列島、西の与党列島」を活写した三春充希『武器としての世論調査―社会をとらえ、未来を変える』(ちくま新書、二〇一九年)といった、多様で興味深い著作が多数提示・蓄積されている。

境界地域はどこにあるのか

このように、列島東西の比較検討はいつでもどの分野でも、重要な論点でありつづけてきたことがよくわかる。では、そうした「東西の境界」はどこにあるのか。むろん、これについてはテーマによってズレが見られる。

例えばもっとも有名なものは、日本列島の主要な地溝帯のひとつであるフォッサマグナを境界とするもので、「糸魚川《いといがわ》—静岡構造線」を西縁とするが、先ほどの雑煮文化圏における角餅と丸餅の分界線はもう少し西寄りの関ケ原周辺である。さらには、例えば歴史研究における「室町期の東西」の分水嶺《ぶんすいれい》（後述）は、越後国《えちごのくに》—信濃国《しなののくに》—駿河国《するがのくに》ともう少し東寄りであるなど、その実態は様々である。

しかし、文化とは往々にして中間地帯で混ざり合うため、線（ライン）というよりは面（ゾーン）ないし連続体（スペクトラム）としてとらえたほうがよい。そのため、ここではおおよそ中部地方を列島東西の境界地域として見ておきたいと思う。

そのような中間地帯の境界のひとつが、先ほど述べたように「関ケ原」であったことは興味深い。いうまでもなく関ケ原とは、慶長《けいちょう》五年（一六〇〇）の東軍（徳川方）・西軍（毛利《もうり》・石田方）

の決戦地であるが、中世にも南朝・北朝両軍が激突した「青野原《あおのがはら》の戦い」（一三三八年）で、南朝に属する北畠顕《きたばたけあき》家《いえ》軍と北朝に属する足利《あしかが》軍が争った。さらに古代にも「壬申《じんしん》の乱」（六七二年）で東西衝突の舞台となり、天智《てんじ》天皇の死後、東国勢を味方につけた大海人《おおあま》皇子軍と西国＝近江《おうみ》国大津宮《おおつのみや》の大友《おおとも》皇子軍が争い、翌年、不破関《ふわのせき》（古代「三関」のひとつ）が治安維持のために設置されるなど、東西の重要な交点となった。

　では、こうした東西の差異が「日本の多様性」にとどまらず、「地域的な分裂」にまで発展したことなどかつてあったのであろうか。この点、「分裂」という言葉が大げさだと思う方もいるかもしれない。否、むしろそのように思われる読者の方が多いだろう。しかし、それは決して過大な表現ではないのである。そのことを、歴史をさかのぼって確認してみたい。

古代の列島に衝撃をもたらした平将門の乱

まずは、十世紀前半の古代東国で起きた「平将門《たいらのまさかど》の乱」（九三九年）である。同乱を描いた、十一世紀頃に成立した軍記物語『将門記《しょうもんき》』によれば、平将門は「まずは坂東《ばんどう》八か国から支配して、それから王城（京都）を征服しよう」と述べ、関東の制圧に着手した。そして、自らを「新皇《しんのう》」、天皇（朱雀《すざく》天皇）を「本皇《ほんのう》」と位置づけ、「私が永く日本の半分（東国）を統治したとしても何の問題もなかろう」と主張したうえで、「朝廷の軍が攻めてきたら、東海道にある足柄《あしがら》、東山道《とうさんどう》にある碓氷《うすい》の二関を固めて、関東を守ろう」と語ったという。

これに対して天皇も、「将門は悪逆をほしいままにして、王位を奪おうとしている」と批判し、両軍激突の結果、将門は滅びたという。『将門記』は文学作品であるためその真偽はなお不明ではあるが、ここではこのような内容、すなわち、「東国自立路線」が古代（十世紀頃〜十一世紀頃）に描かれたということそれ自体が重要なのである。[2]

その後も関東の支配者たちは、**東国の独立か、それとも西国との協調か**という「ふたつの道」をめぐって激しく揺れ動いていくことになる。「平将門の乱」の衝撃は極めて大きく、深い。

鎌倉幕府の選択肢

次に中世、鎌倉幕府の成立時（十二世紀後半）である。

流刑の身であった源頼朝の伊豆国での挙兵は、当初「まるで将門のようだ」と京都の公家からイメージされたように（公卿・九条兼実の日記『玉葉』）、人びとの眼には〝将門の再来〟と映っていた。そして、その後、頼朝は伊豆国・相模国を経て、房総半島へと移り、武蔵国・相模国（鎌倉）に入った。

そうしたなかで、彼の有力な支持者のひとりとなったのが、房総の大豪族・上総広常（平広常）である。広常は上洛しようとする頼朝を諫め、「まずは東夷（東国）を平定してから、関西（西国）にいたるべきである」と説いてそれを撤回させた（鎌倉幕府が編纂した歴史書『吾妻鏡』）。さらに広常は、「頼朝はどうして、朝廷のことばかり大切に思うのか」と述べて、関東の自立を主張するほどの実力者であったといわれるなど（天台座主・慈円による鎌倉前期の歴史書『愚管抄』）、「最も強硬な独立論者」とも評されている。[3]

2 網野善彦『東と西の語る日本の歴史』（そしえて、一九八二年）

3 佐藤進一「武家政権について」（『弘前大学國史研究』六四・六五、一九七六年）

こうした広常の所業に対して頼朝は、幕府草創の功労者であり、さらには自らの恩人でもあった広常の粛清《しゅくせい》をあえて断行することによって「東国自立路線」を否定し、西国（朝廷）との関係構築を選択したといわれている。

続けて問題になるのが、十三世紀前半に朝廷と幕府が対決した「承久《じょうきゅう》の乱」（一二二一年）前夜の状況である。

頼朝の妻・北条政子《ほうじょうまさこ》は、息子である鎌倉幕府三代将軍・源実朝《さねとも》の死（暗殺）後、後鳥羽《ごとば》上皇の子を「将軍」として鎌倉に迎えようとする。これに対して上皇は、「将来この日本国が、ふたつに分かれてしまうようになることはしない」と、政子の提案を拒否したと伝わる（『愚管抄』）。これはまさに、鎌倉側の狙いをずばりと看破したものであり[4]、鎌倉側には後鳥羽のいうところの日本国（西国国家）から自立した国家（東国国家）を、関東に樹立する意図が強烈に働いていたとも評価されている[5]。日本の二分化（東国の独立。「いくつもの日本」）か、それとも「ひとつの日本」か、潜在的な「ふたつの道」がよくわかると思う。

そして、「承久の乱」で東西両軍は激突、おおよそ東国にいた武士は東軍（幕府）に、西国にいた武士は西軍（朝廷）に属して戦うが[6]、結局朝廷側は敗れ、後鳥羽上皇以下は隠岐《おき》国・土佐《とさ》国・佐渡《さど》国へ配流された。他方、幕府側は朝廷を監視し、西国を統治する機関である六波羅探題《ろくはらたんだい》を京都に設置した。

こののち、鎌倉幕府は摂家《せっけ》将軍（九条頼経《よりつね》・頼嗣《よりつぐ》）を経て、親王将軍を実現する（宗尊《むねたか》・惟康《これやす》・久明《ひさあきら》・守邦《もりくに》親王）。だが、その頃（鎌倉中後期）には二度の蒙古《もうこ》襲来（一二七四年・一二八一年）などによって、幕府はもはや全国政権たるべきことが期待されるにいたっており、「東国自立路線」は後退した。

室町期の知られざる東国世界

そして次に注目したいのが、一般にはあまり知られていないが、室町期に存在した、足利氏が東国統治のために鎌倉に置いた統治機関・鎌倉府の存在である。

鎌倉幕府の崩壊（一三三三年）後、後醍醐《ごだいご》天皇の建武《けんむ》政権の瓦解を経て、権力を掌握したのが足利尊氏《たかうじ》である。尊氏は自らの子のうち兄の義詮《よしあきら》を京都、弟の基氏《もとうじ》を鎌倉に置いてそれぞれの地域（東・西）を担当させた。

以後、足利氏の政権は義詮の末裔《まつえい》（京都足利氏）を将軍とする室町幕府と、基氏の末裔（関東

4　前掲佐藤進一「武家政権について」
5　前掲網野善彦『東と西の語る日本の歴史』
6　長村祥知「承久の乱における一族の分裂と同心」（『鎌倉』一一〇、二〇一〇年）

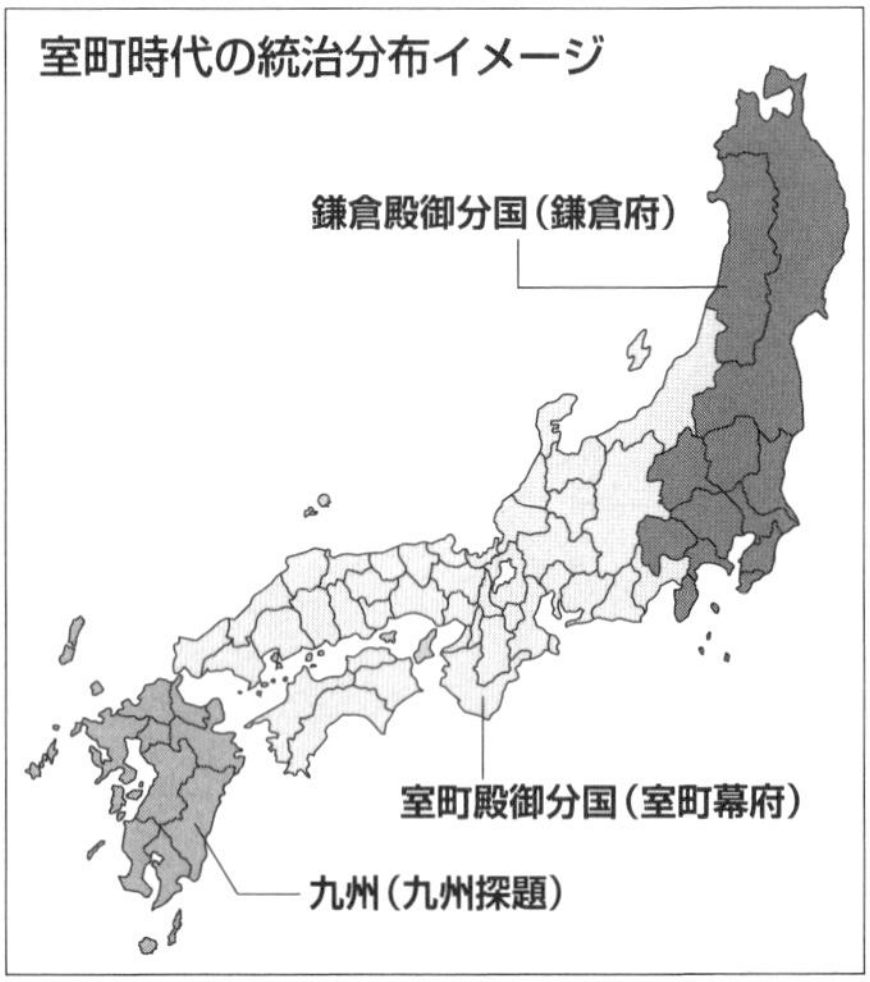

足利氏）を公方《くぼう》とする鎌倉府に分かれた。主に前者が西国（九州地方を除く近畿・中部・中国・四国地方の「室町殿御分国《ごぶんこく》」四十五国）、他方、後者が東国（関東・東北地方の「鎌倉殿御分国」十二国）を支配した。本州でいえば、おおよそ越後国・信濃国・駿河国より西を室町幕府が、甲斐《かい》国・伊豆国より東を鎌倉府が管轄するとの構図である（地図を参照）。

　こうした室町期の鎌倉府、すなわち鎌倉幕府滅亡以後の鎌倉（さらには江戸幕府成立以前の江戸）という中世後期の東国世界の存在は、一般にはまだあまり知られてはいないテーマであるが、室町幕府が東国を直接統治していない、すなわち実質的にはあくまでも西国の政権であった以上、日本の歴史を考えるうえで非常に重要であり、近年の学界では大変に注目が集まっている。[7]

　結局、この東西両府・両足利氏は協調と対立を繰り返していくことになるが、十五世紀、ついに両者は決裂する（「永享《えいきょう》の乱」。一四三八年）。当時は、第六代室町将軍・足利義教《よしのり》と、第四代鎌倉公方・足利持氏《もちうじ》の時代である。

ここで、この東西のアイデンティティを確認してみると、東国（持氏）の方は、「京都・鎌倉にいる二人の足利氏は、天子様（天皇）の御代官」として同格であり（『鎌倉年中行事』）、「東国支配の大役を末永く引き受けよう」（『鶴岡八幡宮文書』）と、東西の関係を自立・並立としているのに対して、西国（義教）の方は、「持氏は「藩屏《はんぺい》」の約束に背いて悪逆の企てをした」（『水無瀬《みなせ》神宮文書』）と、東西を一体・上下（西が中心で上、東が周縁で下）の関係としており、両者の主張は真っ向から対立している。[8]

かくして東西の戦争が勃発し、結果、持氏・鎌倉府は滅亡することとなった。しかし、その後まもなく、義教自身も播磨《はりま》・備前《びぜん》・美作《みまさか》の守護であり、西国の有力な在京大名であった赤松満祐《あかまつみつすけ》により暗殺されてしまう（「嘉吉《かきつ》の乱」。一四四一年）。

鎌倉府の位置づけをめぐって

この鎌倉府の位置づけについては、それが**室町幕府の地方機関**か（「ひとつの日本」的な見方）、

7　この点、例えば、田辺久子『関東公方足利氏四代―基氏・氏満・満兼・持氏』（吉川弘文館、二〇〇二年）や杉山一弥編著『図説鎌倉府―構造・権力・合戦』（戎光祥出版、二〇一九年）などの諸成果を参照いただきたい。
8　谷口雄太「京都足利氏と水無瀬神宮―転換点としての永享の乱」（佐藤博信編『中世東国の社会と文化』岩田書院、二〇一六年）

それとも**東国国家・東国政権**か（「いくつもの日本」的な見方）、古くから種々議論があり、最新の研究でもその見解は分かれているように見える。

例えば、室町期の東国を研究している杉山一弥（一九七三〜）は、「室町幕府は、日本列島を全国規模で統治・統合する制度や権能、回路を潜在的に留保しつづけていた」「室町期東国社会は、室町幕府の内にあって外なる存在である」と、比較的に前者寄りの理解を示す。[9]

一方、同じく室町期の東国を研究する植田真平（一九八五〜）は、「狭義の室町幕府の支配体制、すなわち、京都足利政権を頂点とし、畿内・西国以下に広がる支配構造には、必ずしも完全に包摂されるものではなかった」「室町幕府と鎌倉府は足利政権の二つの中心であった」と比較的に後者寄りの理解を示している。[10]

このあたり、どちらか一方が誤りというわけではなく、どちらの見方も成り立つのであり、理念と実態のズレなども含めて今後さらなる議論が求められる。なお、鎌倉幕府の歴史研究上の位置づけについては、本書の第四章「朝廷と幕府」で詳しく触れたい。

さてその後、「鎌倉府・関東足利氏」は、足利持氏死後に遺児の安王丸《あんおうまる》と春王丸《しゅんおうまる》が鎌倉府の再興のために蜂起《ほうき》するも、室町幕府軍により鎮圧されてしまう（「結城《ゆうき》合戦」。一四四〇年）。しかし、信濃に逃亡していたもうひとりの遺児・万寿王丸《まんじゅおうまる》（のちの足利成氏《しげうじ》）が、鎌倉に入って第五代鎌倉公方となって復活を遂げた。

だが、享徳《きょうとく》三年（一四五四）に足利成氏が補佐役の関東管領《かんとうかんれい》・上杉憲忠《うえすぎのりただ》を殺害したため、すぐさま東国は約三十年続く内戦状態に突入する（「享徳の乱」）。その後、成氏は本拠地を下総《しもうさ》国古河《こが》（茨城県古河市）に移動し鎌倉府は崩壊するが、成氏とその子孫は「古河公方」として存続することになる。このように、東国は全国に先駆けて戦国時代へ移行したことから、近年の研究では、戦国時代は京都ではなく、関東からはじまったといわれている。[11]

以後、「享徳の乱」も影響するかたちで、京都でも「応仁《おうにん》・文明《ぶんめい》の乱」（一四六七〜七七年）が勃発すると全国的に戦国期へ突入し、各地で戦国大名と呼ばれる実力者が政治的に台頭してくるようになる。同時に、西国では将軍（京都足利氏）を頂点・権威とする秩序、東国では公方（関東足利氏・古河公方）を頂点・権威とする秩序もそれぞれに生き残っていく。[12]

このように、戦国期（十五〜十六世紀）の列島社会においても、東西それぞれの地域で両足利氏を権威とする秩序自体は残存していくことになり、いったん確立された前代以来の室町期的な構図が、そう簡単には崩れることはなかった。列島の東西で、身分制的な血統主義（権威）と、下剋上《げこくじょう》的な実力主義（権力）のふたつの要素が絶妙なバランスの上に同居している世界、これ

9　杉山一弥『室町幕府の東国政策』（思文閣出版、二〇一四年）
10　植田真平『鎌倉府の支配と権力』（校倉書房、二〇一八年）
11　峰岸純夫『享徳の乱―中世東国の「三十年戦争」』（講談社選書メチエ、二〇一七年）
12　佐藤博信『古河公方足利氏の研究』（校倉書房、一九八九年）、川岡勉『室町幕府と守護権力』（吉川弘文館、二〇〇二年）

が戦国期の日本の姿であった。

日本の歴史を貫く東西論のその後

以上のように日本史を通覧してみると、「東国自立路線」が常に伏在していたことがわかる。すなわち、古代の平将門、中世の上総広常・北条政子・足利持氏の事例に見られたように、東国国家の独立(日本国家の分裂)という可能性は、たしかに存在したのである。

むろん、それは結果的に現実のものとはならず、あくまで未然のままにとどまったわけであるが、その可能性まで否定することはできない。こうした視点も含めて中世史の池享(一九五〇〜)・鈴木哲雄(一九五六〜)は、東国に視点を置くことで中央から見た日本史像を再考するとして『動乱の東国史』シリーズ全七巻(吉川弘文館、二〇一二〜一三年)を企画・編集しており、注目される。[13]

そしてこのような東国と西国の関係・パワーバランスは、その後も重要な問題でありつづけていく。例えば、近世に天下を掌握した徳川氏は東国から全国を支配し、江戸と大坂・京都が「三都」として繁栄していくが、じつは徳川家康《いえやす》・秀忠《ひでただ》父子は、幕府を江戸から大坂に移す計画を持っていたらしいことが近年の新出史料の発見で明らかにされた。とりわけ二代将軍の秀忠は、朝廷と幕府の関係強化のために娘の和子《まさこ》を後水尾《ごみずのお》天皇に入内《じゅだい》させ、公武融合の「大坂幕府」を目指していたが、誕生した皇子が続けて夭折《ようせつ》し、秀忠も死去したことから、将軍が天皇の外祖父（母方の祖父）として「大坂幕府」を実現させて大坂に政権の本拠地を置くとの計画は失われたという。[14]

もしこのような計画が実現していたら、我われが「江戸時代」と呼んでいる時代は、「大坂時代」となっていたことだろう。

この点、じつは中世にも、足利尊氏・直義《ただよし》兄弟が、幕府を京都に置くべきか、鎌倉に置くべきかで悩んでいる（室町幕府の施政方針『建武式目《しきもく》』）。結果として京都に置かれたわけであるが、鎌倉も有力な候補地であり、事実鎌倉にも東国支配の拠点（鎌倉府）が置かれたように、東国と西国の関係・あり方は日本の歴史を貫く一大関心事であったことが見て取れるだろう。

その後、江戸後期から末期（十八世紀末から十九世紀中頃）には、江戸が政権所在地として繁栄を極めていくなかで、江戸を王都（東京）、大坂を別都（西京）とし、東西二京（両京）の並立を唱える医師・農学者・経済学者である佐藤信淵《のぶひろ》なども現れた（『混同秘策』）。そして近代、東京奠《てん》

13 村井章介「書評　佐藤進一著『日本の中世国家』」（『史学雑誌』九三―四、一九八四年）
14 跡部信「新発見の書状が語る「大坂幕府構想」」（『歴史街道』三七一、二〇一九年）、藤田達生「徳川公儀の形成と挫折―新出小堀遠州書状を素材として」（『織豊期研究』二一、二〇一九年）

都《と》の前後以降にも、大阪への「遷都論」はしばしば語られた[15]。

だが、大正十二年（一九二三）の関東大震災で大きな被害を受けても東京は首都たる地位を失わず、「遷都論」は否定される。その後、戦時中の昭和十八年（一九四三）に「東京都制」が施行されたことで、東京府・東京市は廃止、東京・大阪・京都による「三府」の体制は、東京都（一都）と大阪府・京都府（二府）という新たな体制へと移行し、現在にいたっている。

平成二十七年（二〇一五）と令和二年（二〇二〇）には、大阪で「大阪都構想」をめぐり、二度の住民投票が行われた。そこでは、東京一極集中の是正と関西圏の活性化がひとつの焦点となっていた。ゆえに、投票は日本を代表する両軸である首都圏と京阪神の今後のゆくえを見通す大きな分岐点になるものと注目されたが、結果、僅差ではあったものの否決の判断が下された。

これにより、「大阪都構想」自体は廃案となったわけだが、かかる構想の前提・基底には、すでに見たように、近代はおろか前近代にまでさかのぼるこの国の根深い東西競合の意識・歴史がある。それゆえに、東京一極集中の解消、大阪・関西の掲げる副首都ビジョンにはこれからも目が離せないのである。

15　岡部精一『東京奠都の真相』（仁友社、一九一七年）、木崎愛吉『大阪遷都論』（私家版、一九一八年）

第二章　南と北——よりいっそう豊穣で、ときにカオスな場所

「東西」論から「南北」論へ

前章で取りあげた、「東西」論の代表作ともいえる網野善彦《あみのよしひこ》『東と西の語る日本の歴史』（そしえて、一九八二年）が出された翌年、岩手県出身で東北古代史研究の大家のひとりである高橋富雄《たかはしとみお》（一九二一〜二〇一三）は、同書の書評を認《したた》め、「蝦夷《えみし》」の視点が稀薄《きはく》にすぎると批判した。[1]

そしてその数年後、高橋は、「東西」とは同じ正統を分け合った双生児にすぎず、「南北」（ただし、ここでは東北地方が「北」で、東北地方より南を「南」としている）こそが根本原理を異にする対抗関係であったと唱え、〝北方の世界〟に注目しながら『もう一つの日本史―ベールをぬいだ縄文の国』（徳間書店、一九九一年）を上梓《じょうし》した。いわば、「もうひとつの日本」としての東北

1　高橋富雄「書評・網野善彦著『東と西の語る日本の歴史』」（『日本史研究』二四八、一九八三年）

地方の姿を意識化したわけである。

その後、網野の『東と西の語る日本の歴史』は、平成十年（一九九八）に講談社学術文庫として文庫化された。同書の解説で山折哲雄（宗教学。一九三一〜）は、網野史学が日本列島の歴史を「東西」の軸に沿って切り取り、その複雑な流れを類型化したとき、列島社会の新鮮な断面図が浮かびあがってきたが、「南北」の軸で新たに類型化を試みるとしたら、この日本列島の歴史はどのような相貌《そうぼう》を示すであろうか、と述べる。それは、東北地方だけにとどまらない、文字どおりの「南北」論への期待であった。

そこで本章では、高橋や山折の指摘に従って、「東西」論から「南北」論へと進んでいきたい。それによって、東西の視点からだけではとらえきれない、よりいっそう多様で豊穣、ときにカオス（混沌《こんとん》）で分裂的ともいえる日本列島の姿を、南北の視点から眺めてみたいと思う。

赤坂憲雄『東西／南北考』による問題提起

ここで取りあげたいのが、赤坂憲雄（民俗学。一九五三〜）による『東西／南北考―いくつもの日本へ』（岩波新書、二〇〇〇年）である。同書は、山折の指摘に応えるかのようなタイミングで上梓され、現在すでに、日本列島における南北論の代表的な一冊となっている。

赤坂はこれまでの研究を踏まえて次のようにいう。

すなわち、ほとんどの日本文化に関する現象は、日本では「東西」の問題として扱われ、この枠に収まりきらないものは、最初から視野の外に排斥されてしまう。それゆえ、東西の軸に立つかぎり、結局は予定調和的な話に還元されてしまうのではないか、と。

これに対して「南北」の軸は、ひたすら破壊と混沌の淵《ふち》へと誘いかける。換言すれば、東西の軸はいわば同族的アイデンティティの再認につながる一方、南北の軸はいわば異族的なカオスの状況へとかぎりなく開かれており、「ひとつの日本」へと最終的に収斂《しゅうれん》してしまうかのような予定調和的な東西論に対して、「いくつもの日本」へと散逸《さんいつ》していくのが南北論であるという。

かくして、東西の軸に沿った比較がもたらす日本文化論は、結局は「ひとつの日本」に抱き取られてしまいかねない以上、南北の軸に立った新たな列島の歴史が拓《ひら》かれねばならず、この南北の方位にこそ、「ひとつの日本」から逸脱する異相の風景（「いくつもの日本」）が無数に転がっているのではないかとして、考察の座標軸それ自体を、「東西」から「南北」へと変換させていくことが宣言された。

以後、赤坂は東北地方を基盤に学際的な総合研究を実践する「東北学」から編み出された「南北」論を、徹底して深化させていくことになる。新たな列島の民族史的景観を拓《ひら》いていくために東西から南北へ、そして、「いくつもの日本」へ。これが赤坂の主張である。

なお、赤坂のいう「南北」とは、北は東北地方と北海道（蝦夷《えぞ》）が、南は九州地方と沖縄県（琉球《りゅうきゅう》）が、それぞれ含意されている。本書ではこのうち、「前近代日本の版図」であった東北地方と九州地方は本章で、「近代日本の版図」となった北海道と沖縄県は次章（「内と外」）でそれぞれ取りあげたい。

ちなみに、前近代日本人の「東西南北」意識は、おおよそ**東が奥州外浜《そとがはま》**（青森県の津軽《つがる》半島から夏泊《なつどまり》半島にかけての、津軽海峡と陸奥《むつ》湾に面した地域）、**西が九州鬼界島《きかいがしま》**（鹿児島県の薩南《さつなん》諸島）、**南が紀伊《きい》国熊野《くまの》**（和歌山県・三重県の南部）ないし**土佐《とさ》国**（高知県）、**北が佐渡《さど》国**（新潟県の佐渡島）というものであり、いまの我われの認識とは微妙にズレていることには注意が必要である。[2] ただし、本書では煩雑さを避けるため、方角は現代の認識で述べたい。

来訪神＝「まれびと」の世界

さて、赤坂憲雄は『東西／南北考』で、列島の南北には「異族的なカオスの状況」や、「ひとつの日本」から逸脱する「異相の風景」が転がっていると述べている。

筆者がここでただちに想起するのが、平成三十年（二〇一八）にユネスコ無形文化遺産に十件一括で登録された「来訪神《らいほうしん》」（仮面・仮装の神々）の存在である。赤坂が触れた内容が、具体的・

視覚的にわかる貴重な事例であると思われるので、以下、はじめにこの民俗事例から南北の様相を見ていきたい。

2　大石直正「外が浜・夷島考」（関晃教授還暦記念会編『日本古代史研究』吉川弘文館、一九八〇年）、村井章介「中世日本列島の地域空間と国家」（『思想』七三二、一九八五年）

甑島（鹿児島県薩摩川内市）の来訪神行事であるトシドン（写真協力：公益社団法人鹿児島県観光連盟）

宮古島島尻地区のパーントゥ。全身に泥を塗りつけることで厄払いを祈願する（PIXTA提供）

まず、「来訪神」とは何か。それは、異郷（常世《とこよ》）の世界からやってきて、人びとの歓待を受け（異人《いじん》歓待）、そしてまた帰っていく神のことで、「まれびと」（客人）とも称される。「まれびと」は、折口信夫《おりくちしのぶ》（民俗学。一八八七〜一九五三）の学問上、重要な概念のひとつである。折口は、「まれびと」とは〝来訪する神〟のことで、とこよ（常世）から時を定めて来臨し、その村人の生活を幸福にして還《かえ》っていく霊物のことであり、人びとはこれを「神・賓客《ひんきゃく》」として迎え、あしらう方式をはらんできたと述べている。[3]

そのような「まれびと」（来訪神）の民俗行事で、ユネスコ無形文化遺産に登録されたのが、以下の十件である。甑島《こしきじま》の「トシドン」、男鹿《おが》の「ナマハゲ」、能登《のと》の「アマメハギ」、宮古島《みやこじま》の

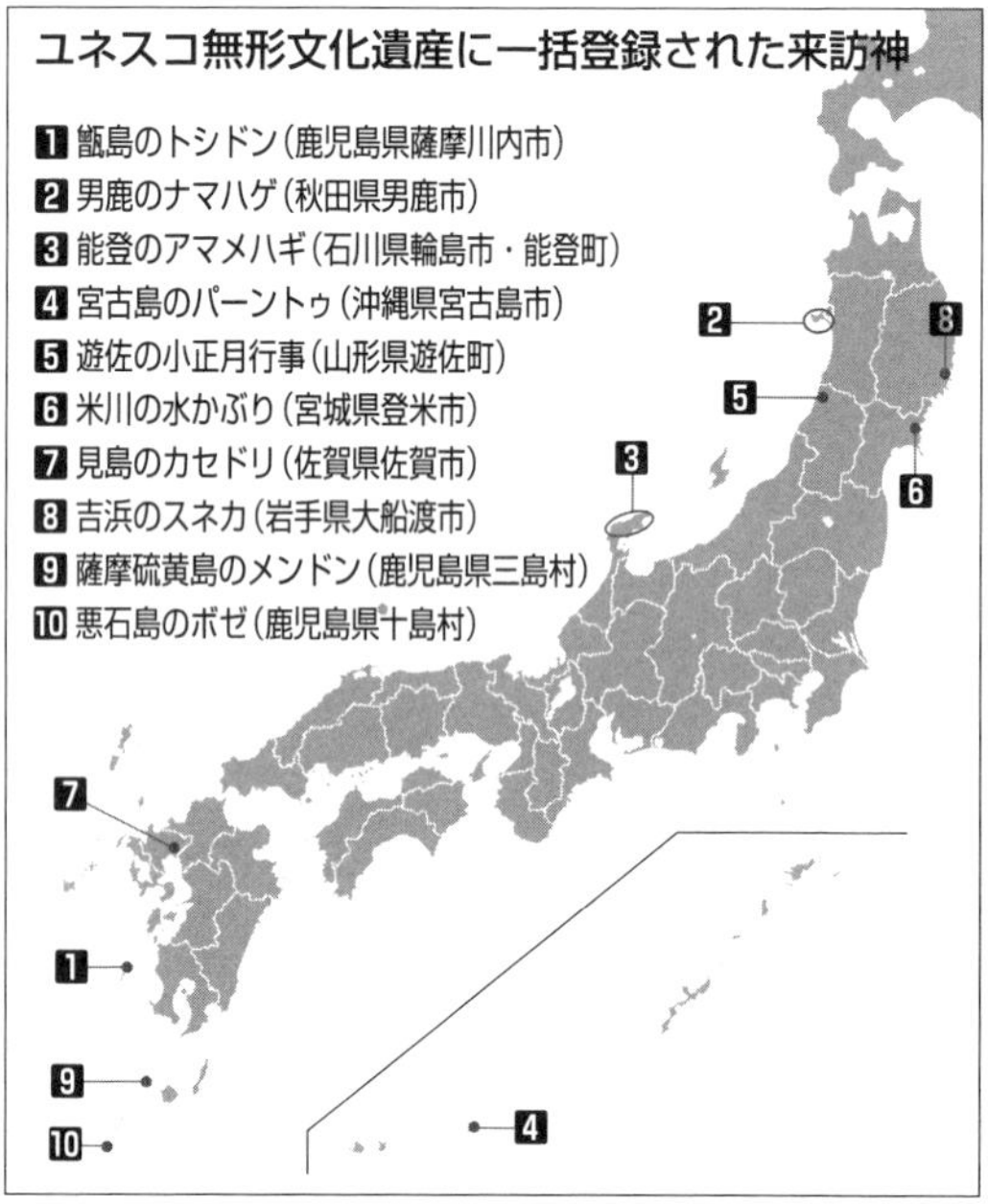

「パーントゥ」、遊佐《ゆざ》の「小正月行事」、米川《よねかわ》の「水かぶり」、見島《みしま》の「カセドリ」、吉浜《よしはま》の「スネカ」、硫黄島《いおうじま》の「メンドン」、悪石島《あくせきじま》の「ボゼ」。いうまでもなく、様々な事情によって登録されていない、登録されえない来訪神行事も存在しているため、これがすべてではない。[4]

とはいえ、登録された地域を一瞥《いちべつ》すると、列島の北（東北地方）と南（九州地方・沖縄県）に目がいくだろう。そしてたしかに、鹿児島県のトシドン、メンドン、ボゼ、沖縄県のパーントゥなど、その仮面・仮装の神々の異形性・奇祭性は、まさしく赤坂のいうところの「異族的なカオス」「異相の風景」などと呼ぶに相応《ふさわ》しいと感じられるのである。

「伝統」とは何か①　「創られた伝統」という視点

話題の方向が民俗文化・伝統文化となったので、ここで「伝統」について重要な点を確認しておきたい。

先に挙げた来訪神のなかでもっとも有名なのは、秋田県のナマハゲだろう。同県にある「なまはげ館」（秋田県男鹿市）によれば、ナマハゲとは、「男鹿三山《さんざん》」のうちの真山《まやま》と本山《ほんざん》に鎮座する

3　折口信夫「國文學の發生（第三稿）」（『古代研究』二〈国文学篇〉、大岡山書店、一九二九年）
4　例えば、沖縄県のアカマタ・クロマタ、アンガマ、フサマラー、マユンガナシ、ミルクなど。

「なまはげ館」に展示されている「なまはげ勢ぞろいコーナー」。集落によって異なる面がある（秋田県観光連盟提供）

神々の使者として信じられており、年に一度家々をまわり、悪事に訓戒《くんかい》をあたえて厄災《やくさい》をはらい、豊作・豊漁・吉事《きちじ》をもたらす来訪神であるとされる。そしてそれは毎年大晦日《おおみそか》の晩に、男鹿半島のほぼ全域で行われる、古くからの伝統を受け継ぐ民俗行事であるとされている。一般的には、こうした理解で違和感はないはずだ。

　ところが、近年、秋田県出身の石垣悟（民俗学。一九七四〜）は、先行研究を踏まえ、ナマハゲをめぐる右の見解（常識）に種々の疑問を投げかけた。[5]ここで注目したい論点はふたつある。ひとつは、ナマハゲが比較的新しい行事である可能性も捨てきれないこと。ふたつ目は、しかも、これまでに行事内容がかなり変化してきた可能性があること、である。

　この問題は、ナマハゲそのものを超えて、民俗学や歴史学、そして人文系一般にとっても重要なテーマであると思われるので、以下、少し詳しく見ておきたい。

　まずひとつ目について石垣はいう。来訪神行事とは、その多くが神話的な言い伝えをともなうことによって、前近代的な、原始・古代・中世までにさかのぼるような匂いをまとって今日にいたっているにすぎず、逆に、残された文献史料で見るかぎり、来訪神行事はそれほど遠くない過去にはじまった可能性も否定できない。この点は来訪神行事の魅力（古さ）を損ねる印象を与えるかもしれないが、そこは冷静に受け止めておく必要がある。ゆえに、来訪神行事をあたかも原始・古代的なものや、日本人の「起源」にまで結びつけてしまう見解は、魅力的ではあるが、現時点では可能性のひとつにすぎないと結論している。

むろん、残存史料がないからといって、行事もなかったとはいえない。行事はあったが、史料には残されなかった可能性もある。けれども、史料からナマハゲが確認されるのは江戸時代後期からであって、そこからさらにさかのぼるのは現状わからないというのが妥当だということのようである。

そして、これはナマハゲにかぎらず、伝統行事を太古から続いているかのように幻視・錯覚させる言説には留保が必要であることを意味する。

この点、室井康成（民俗学。一九七六〜）も、柳田國男《やなぎたくにお》（一八七五〜一九六二）の『遠野《とおの》物語』（一九一〇年）が、その後いかに読まれてきたかを分析することによって、一部に見られる、『遠

5 石垣悟「「来訪神」行事をめぐる民俗学的研究とその可能性」（保坂達雄・福原敏男・石垣悟『来訪神―仮面・仮装の神々』岩田書院、二〇一八年）

野物語』や現行の伝承を「古代」や「縄文」と結びつける言説を、〝時間的暴力〟として批判しているが、これもナマハゲの言説及びそれへの批判と類似する話といえよう。[6]

これらはいずれも、眼前の文化や伝統を一足飛びに古い時代へとつなげてしまう姿勢に警鐘を鳴らし、伝統・伝承がそれほど古くなく、意外と新しいものである可能性を示唆するものである。かかる議論は「創られた伝統」などとも称される。

他方、例えば誕生日の祝いのように、逆に新しそうに見えて、じつはかなり古い伝統もある。中世人も誕生日を祝っていたのだ。ただし、中世には長寿を祈ることや身を慎むことがメインで、祝い自体はサブ的要素であったらしいので、そこは注意が必要である。[7]

「伝統」とは何か② 伝統は変わらないのか？

さらに、ふたつ目について石垣は、じつは明治期のナマハゲは、今日のそれとは異なって、屋内まで入り込まず、座敷で暴れまわったり、膳を囲んで主人と問答を交わしたりするようなことはなかった可能性がある、という。

また、風紀を乱す悪習として警察などの取り締まりを受け、一時的に衰退を余儀なくされた時期もあった。その後、中断していたナマハゲを、秋田県の篤農家《とくのうか》が教訓的な行事であるとして調停に入り、再開させたこともあったと述べる。

こうしたことから石垣は、ナマハゲは風紀を乱す悪習として取り締まられるなかで、教育的機能を拡大・強調し、なんとか悪評に対抗したのではないか。来訪神行事での過剰なまでの子供への訓戒が、古くからの演出であったかは疑ってみる必要があるだろう、と結論している。

要するにナマハゲは、その中身・行動を状況に応じて変化させることで、生きつづけてきたようなのだ。伝統が古く、不変なものと錯視する人は多いかもしれないが、ナマハゲの場合、意外と新しい行事かもしれず、しかも近代以降も変化しつづけてきたわけである。

この点、例えば、天皇の代替わりの際に行われる大嘗祭《だいじょうさい》の事例を見ても、時代に即して変化を続けてきたわけである。折口信夫もいうように、大嘗祭は「長い間に於《おい》て、其《その》時代々々で、祭りが合理化されて、其《それ》に又、種々の説明が加へられて、今日の如《ごと》くに変化した」のであり、「大嘗祭は、平安朝に固定して、今日に及んだもの故《ゆえ》、神代その儘《まま》、そつくりのものとは考へられない」と結論している。[8]

6 室井康成「『遠野物語』をめぐる〝神話〟の構築過程――その民俗学史的評価へ向けての予備的考察」(『総研大文化科学研究』四、二〇〇八年)
7 木下聡「中世における誕生日」(『日本歴史』八〇四、二〇一五年)
8 折口信夫「大嘗祭の本義」(『古代研究』一〈民俗学篇二〉、大岡山書店、一九三〇年)

伝統は、これまでも変化してきた以上、これからも不変というわけではない。このことは、いかなる立場であっても念頭に置いておいたほうがよいのではないか。

なお付言しておくならば、石垣もいうように、ある伝統行事が意外と新しくても、また古いものからかなり変化していたとしても、その価値や魅力が損なわれることはないだろう。

南北に拡大していった「日本」の領域

さてここからは、話を「南北」論の本線に戻して、豊かな伝統行事・民俗行事をいまに伝える東北地方と九州地方について、その地域の歴史に焦点を絞って過去を振り返ってみたい。

赤坂憲雄は、古代の日本列島では北の奥羽《おうう》、南の九州に対して、いわば「植民地支配」のための戦争、換言すれば、王化に抗する「まつろわぬ」人びとに対して、服属を迫るための戦争があったとした[9]。これに対して近年の研究では、辺境の大地＝「中央の植民地」という従来の考え方だけではなく、それを受容した在来勢力側の視点もまた、いっそう深めていく必要があるとされている[10]。

征服—被征服の関係だけでなかったのはそのとおりであろうが、ただ、血生臭い状況もたしかにあったわけで、**北の蝦夷《えみし》、南の隼人《はやと》**の服属がそれである。北は陸奥国・出羽《でわ》国の成立と蝦夷支配の軍事拠点である多賀城《たがじょう》（宮城県多賀城市）の創建、南は薩摩《さつま》国・大隅《おおすみ》国の分立と軍事・外交拠点である大宰府《だざいふ》（福岡県太宰府市）の整備などによって、蝦夷・隼人は徐々に中央へと従属し、八世紀以降、「日本」の領域は北東北・南九州へと拡大していった。

9　前掲赤坂憲雄『東西／南北考――いくつもの日本へ』
10　七海雅人「鎌倉時代東北史への招待」（同編『鎌倉幕府と東北』吉川弘文館、二〇一五年）

阿多氏の繁栄を示す遺物が多数出土している持躰松遺跡と万之瀬川下流域（鹿児島県南さつま市。鹿児島県立埋蔵文化財センター提供）

奥州藤原氏の政庁跡「平泉館」とされる柳之御所遺跡遠景（岩手県平泉町。岩手県教育員会提供）

また十二世紀末の古代・中世移行期には、**北では奥州藤原氏《ふじわら》**が、**南では九州阿多氏《あた》**が栄華を誇っていた。だがいずれの一族も、十二世紀末から十三世紀初にかけて、それぞれ源平両氏によって滅ぼされている。

北の奥州藤原氏は有名だが（岩手県の平泉《ひらいずみ》は、その本拠地としてユネスコ世界遺産にも登録されている）、一方、一般読者にとってなじみがないであろう南の阿多氏は、平安末から鎌倉前期にかけて、薩摩半島の薩摩国阿多郡（鹿児島県日置《ひおき》市・南さつま市付近）を本拠地として南九州地方の一帯で勢力を張った武家の一族である。

阿多氏は現在の鹿児島県南さつま市の万之瀬川《まのせがわ》下流域を拠点に、巨大な勢力を保持したことがわかっており、近年、その存在が注目を集めている。とりわけ、同市金峰《きんぽう》町にある弥生時代から続く持躰松《もったいまつ》遺跡などからは、阿多氏の頃のものとされる港湾遺構や遺物が多数発見されている。また阿多氏の勢力下にあったとみられる坊津《ぼうのつ》は天然の良港で、南九州の交易や日宋貿易とも関わり、その利害をめぐり平氏政権とも衝突することになったという。

このように、阿多氏は北の奥州藤原氏と比較しうる存在として、近年は「国家周縁地域の比較史」という視点をはじめ、多くの研究成果を得ている。[11] しかし、九州阿多氏も奥州藤原氏と同様に、中央勢力（源氏・平氏）の力によって衰微していくことになるのである。

武家政権の地方支配と御家人の移動

十二世紀末に成立した鎌倉幕府は、東北地方に**奥州惣奉行**《そうぶぎょう》（中心地は陸奥国多賀国府と同国平泉）・**秋田城介**《じょうのすけ》（同出羽国秋田）・**蝦夷沙汰代官職**《えぞさた》（同陸奥国津軽）を、そして九州地方には**鎮西探題**《ちんぜいたんだい》（同筑前《ちくぜん》国博多《はかた》）をそれぞれ設置し、遠隔地の統治を進めていった。また、関東御家人の東北移動・九州移動も行われ、中央と地方、地域間相互の交流も進展していく。

例えば、幕府の御家人である千葉氏は、下総《しもうさ》国千葉（現在の千葉市中央区）から肥前《ひぜん》国小城《おぎ》（現在の佐賀県小城市）へと分派する際、一族・家臣を引率し、日蓮宗・妙見《みょうけん》信仰（北極星を神格化した妙見菩薩《ぼさつ》に対する信仰）も導入、中世都市の千葉と似たような景観をもつ、中世都市小城のまちづくりを推進したものと考えられている。[12] なお、こうした列島内で展開する「人のつながり」が、日本の統合・統一を促進したであろうことは本書の第八章「中央と地方」で触れる。

その後、鎌倉幕府の崩壊（一三三三年）、建武政権の瓦解《がかい》（一三三六年）を経て、十四世紀の南北朝期には、東北・九州地方も戦乱に巻き込まれ、列島各地の自立性が強まってくる。ここでし

11 柳原敏昭『中世日本の周縁と東アジア』（吉川弘文館、二〇一一年）
12 肥前千葉氏調査委員会編『中世肥前千葉氏の足跡―小京都小城の源流』（佐賀県小城市教育委員会、二〇一一年）

ばしば議論となっているのが、当時、九州地方を席巻《せっけん》した**征西将軍府**《せいせい》（征西府）の存在である。従来、征西府は九州地方における南朝の拠点・牙城とされてきたが、これに対して、中世史・対外関係史の村井章介（一九四九〜）は、征西府は南朝に対して客観的にも主観的にも、ほぼ完全な自立性を保持しており、自前の国家権力＝「九州国家」であったと位置づけた。[13]

他方、この村井説については、完全に自立した国家であったとすることはやはり難しいのではないかとして、種々の疑問・批判も出されている。[14] 征西府が**日本国家の内部にあったのか**（「ひとつの日本」）、それとも**九州の独立国家か**（「いくつもの日本」）、現状では研究者のあいだで意見が割れている。だが、こうした議論が出てくるほど、九州地方は自立的な場所であったとみられ、九州という地域の強い個性がうかがえる。

室町幕府と奥羽探題・九州探題

室町期になると、室町幕府は東北地方には**奥州探題**（中心は現在の宮城県大崎市）・**羽州**《うしゅう》**探題**（同山形県山形市）を、九州地方には**九州探題**（同福岡市博多区）をそれぞれ設置し、足利一門の名門（大崎《おおさき》氏・最上《もがみ》氏・渋川《しぶかわ》氏）がそれぞれ継承した。大崎氏・最上氏は室町幕府の管領《かんれい》・斯波《しば》氏の一族であり、渋川氏は足利氏の御三家《ごさんけ》（吉良《きら》氏・石橋《いしばし》氏・渋川氏からなる）のひとつで、別格の家柄である。

しかし、奥羽地方の地域支配はやがて東国の鎌倉府に移管され、諸氏は首都鎌倉への出仕を開始する。例えば、奥州探題の大崎氏は、鎌倉の外港・武蔵《むさし》国六浦《むつら》（現在の横浜市金沢区）の瀬ケ《せが》崎《さき》に宿所を持ち、「瀬ケ崎殿」と称された。また、羽州探題の最上氏は、相模《さがみ》国長尾《ながお》（現在の横浜市栄区）に宿所を有し、「長尾殿」と称された。そして、それぞれ鎌倉の郊外エリアから、鎌倉公方《くぼう》足利氏へ挨拶に出向いていたことが知られる（『奥州余目《あまるめ》記録』）。

他方、九州は遠国《おんごく》として西国（室町幕府）の直接支配から外れ、九州探題の下でゆるやかな統治が目指された（これを「遠国宥和《ゆうわ》策」という）。その後、九州探題渋川氏の権力は徐々に形骸《けいがい》化し、拠点の筑前国博多を失って肥前国へと移動する。他方、大友《おおとも》氏・島津《しまづ》氏などの諸大名が、九州各地で勢力を強めていった。

その後も奥州探題や九州探題は、戦国期にもなお役職として、南北両地域の頂点（権威）として存在していく。だがその頃には、北では伊達《だて》氏、南では大友氏・島津氏などといった有力者が政治的に台頭し、戦国大名（地域国家）として領域支配を展開していく。

13 村井章介「征西府権力の性格」（同『アジアのなかの中世日本』校倉書房、一九八八年）

14 三浦龍昭『征西将軍府の研究』（青史出版、二〇〇九年）、森茂暁『懐良親王―日にそへてのかれんとのみ思ふ身に』（ミネルヴァ書房、二〇一九年）

そうしたなかで、最終的には羽柴秀吉《はしばひでよし》の天下統一やその後の一揆《いっき》鎮圧などをとおして、北の奥羽、南の九州はふたたび日本に統合されていくのである。

自立と服属を繰り返す「南北」の近代

以上のように日本史を通覧してみると、列島南北の自立性が高かったことが判明する。それと同時に、両者は自立しながらも繰り返し中央へ服属するという、ある程度似通ったあゆみをたどってきたことも見えてくる。

十九世紀中葉の近世・近代移行期には、結果的に、おおよそ北（会津《あいづ》藩・仙台藩など）が旧幕府側、南（薩摩藩・佐賀藩など）が明治新政府側となって争い、前者が打倒された。しかし、後者もまた、明治期に内部分裂を引き起こし、九州では「佐賀の乱」（一八七四年）から「西南戦争」（一八七七年）にかけて相次いだ士族反乱により甚大な被害を蒙《こうむ》っている。

こうした歴史からも、南北の自立性や中央への反従属性がうかがえるが、昭和期以降も九州独立は様々な場面で囁《ささや》かれつづけた。例えば、昭和二十年（一九四五）の終戦直前には、熊谷久虎《くまがいひさとら》（映画監督。国粋主義者）・町田敬二《まちだけいじ》（陸軍大佐）・火野葦平《ひのあしへい》（小説家）らが関わった「九州独立計画」があり、終戦直後にも部落解放運動家の松本治一郎《じいちろう》が唱えた「九州共和国構想」があった。

また、朝鮮戦争時（一九五〇〜五三年）には、北朝鮮軍の南下に呼応した一部日本共産党員らによる「九州人民共和国計画」があり、平成期前後には地方分権改革派の大分県知事だった平松《ひらまつ》守彦《もりひこ》が唱えた「九州府構想」があった。左右の思想に関係なく九州独立が叫ばれており、ジャーナリストの大宅壮一《おおやそういち》が「九州イデオロギーの群像」と呼ぶような人びとと構想といえよう（「九州イデオロギーの群像」『文藝春秋』一九五六年五月号）。

他方、東北地方も、平成二十三年（二〇一一）の東日本大震災（地震・津波・原発事故）によって、地元の人びとは地域への意識を強めたという。その三・一一直後、『講座東北の歴史』全六巻（清文堂出版、二〇一二〜一四年）を監修・上梓した入間田宣夫（中世史。一九四二〜）は、同書の「刊行の辞―いくつもの東北へ、開かれた東北へ、」で、いまほど東北の自覚が求められているときはないとして、復興に向けて邁進《まいしん》するうえで、東北の歴史を意識する必要性を語っている。

このように、列島の南北には、歴史的に中央からの遠心力が強く働くときがある。その背景には、古代以来繰り返されてきた自立と従属の過去がある。列島の南北から見える歴史は、その個性の強い民俗文化とともに、安易に「日本は単一だ」といってしまうことを拒絶するかのような力を持ち、分裂しかねないほどに多様で豊穣なこの国の姿を我われに教えてくれるのである。

第三章　内と外――時代によって揺れ動く「境界」の独自性

外の世界と分断・媒介する前近代の「国境」

前章までは、列島社会の「東西」「南北」の多様な歴史・文化を眺めてきた。ここからは、日本列島の「内」と「外」の話に移る。この点、「外」というと、中国や朝鮮などアジア地域との話（対外関係史）と思われるかもしれないが、前近代の日本を扱っている以上、「外」とは蝦夷《えぞ》や琉球《りゅうきゅう》などであると考えたい。では、「内」とはどこか。それは現在の「東西南北」の感覚でいえば、**北の境界が「奥州外浜《そとがはま》」**、**南の境界が「九州鬼界島《きかいがしま》」**ということになる。[1] 要するに、この境界の内側が当時の日本であり、これを越えるとそこはもう「外」である。

現在は、この境界の「内」も「外」も、日本国に属している（「内」である奥州外浜＝青森県、九州鬼界島＝鹿児島県。「外」である蝦夷＝北海道、琉球＝沖縄県）。ただその来歴からも容易に想定されるように、「外」（蝦夷・琉球）は「東西南北」よりも強い独自性（民族性）を誇り、「内」（奥州外浜・九州鬼界島）も、第二章で述べたように東北地方・九州地方のなかでもよりいっそうの辺境性・境界性を有しており、列島社会の多様性（「いくつもの日本」）を知る、換言すれば、「単一なる日本」像を見直すうえで欠かせない地域といえる。

なお、当時の国境は近代のそれとは異なって、線（ライン）というよりは面（ゾーン）であった。つまり、「境界」とは世界を分断するとともに、媒介をもする連続体（スペクトラム）的な地帯であり、列島の歴史上、重要な地域であるといえる。

そこで本章では、『境界をまたぐ人びと』（山川出版社、二〇〇六年）、『日本中世境界史論』（岩波書店、二〇一三年）、『境界史の構想』（敬文舎、二〇一四年）などの著書がある村井章介（中世史。一九四九〜）の仕事に注目してみたい。村井は、『古琉球―海洋アジアの輝ける王国』（KADOKAWA、二〇一九年）などで琉球史研究もリードする、「境界研究」の第一人者といえる。彼の実証的な研究成果を中心に、あわせて他の研究者の代表的な著作や取り組みも参照しながら[2]、以下、「内」と「外」＝境界の世界を紹介していきたいと思う。

1　前掲大石直正「外が浜・夷島考」、前掲村井章介「中世日本列島の地域空間と国家」
2　大石直正・高良倉吉・高橋公明『周縁から見た中世日本』（「日本の歴史」14、講談社、二〇〇一年）、入間田宣夫・豊見山和行『北の平泉、南の琉球』（「日本の中世」5、中央公論新社、二〇〇二年）、豊見山和行編『琉球・沖縄史の世界』（「日本の時代史」18、吉川弘文館、二〇〇三年）、菊池勇夫編『蝦夷島と北方世界』（「日本の時代史」19、吉川弘文館、二〇〇三年）

なお、同じく境界領域であった佐渡《さど》国、紀伊《きい》国熊野《くまの》、土佐《とさ》国や、壱岐《いき》国・対馬《つしま》国・五島《ごとう》列島、そして伊豆《いず》諸島・小笠原《おがさわら》群島・硫黄《いおう》列島・大東《だいとう》諸島なども、それぞれ非常に重要な地域ではあるが、紙幅・筆者の能力の都合により、本書では扱うことができないことを付記しておく。[3]

北の境界＝「奥州外浜」と、中世日本屈指の港湾都市・十三湊

「内」なる北の境界、そこは「奥州外浜」と呼ばれた地域であり、現在は（狭義では）青森県津《つ》軽《がる》半島の東部を指すが、かつては（広義では）津軽半島の西から陸奥《むつ》湾に面した一帯までを漠然と示したという。

そうした地域でもっとも重要な湊《みなと》だったのが、十三湊《とさみなと》（青森県五所川原《ごしょがわら》市）である。十三湊は津軽半島の西部にある港町で、白神《しらかみ》山地から流れる岩木川《いわきがわ》の河口・十三湖《じゅうさんこ》のほとりにあり、日本海に面する場所でもある。いまは訪れる人もそう多くないと聞くが、かつて（中世）は日本屈指の港湾都市であったというのだから侮れない。

事実、中世の成立とされ日本最古の海商法規といわれる『廻船式目《かいせんしきもく》』には、当時の日本を代表する十の港町（三津七湊《さんしんしちそう》）のひとつとして、十三湊が掲載されている。なお残りの九つは、伊勢《いせ》国安濃津《あのつ》（三重県津市）・筑前《ちくぜん》国博多《はかた》津（福岡市博多区）・和泉《いずみ》国堺《さかい》津（大阪府堺市）・越前《えちぜん》国三国《みくに》

湊《みなと》（福井県坂井市）・加賀国本吉湊《かがのくにもとよしみなと》（石川県白山市《はくさんし》）・能登国輪島湊《のとのくにわじまみなと》（同輪島市）・越中国岩瀬湊《えっちゅうのくにいわせみなと》（富山県富山市）・越後国今町湊《えちごのくにいままちみなと》（新潟県上越市《じょうえつし》）・出羽国土崎湊《でわのくにつちざきみなと》（秋田県秋田市）である。ちなみに、近世成立の『日本風土記』や『武備志《ぶびし》』などでは、堺津ではなく薩摩国坊津《さつまのくにぼうのつ》（鹿児島県南さつま市）が三津のひとつとして記されている。

これらを地図に落とすと（次ページ参照）、前近代日本における日本海側の海運の重要性がよくわかる。こうした日本海側が、どこか停滞的な「裏日本《うら》」などとして位置づけられていくのは、近代、とりわけ二十世紀以降のことである。[4]

十三湊はそうした日本海航路の終着駅にして、そこからさらに北へと向かう「環日本海世界」（次ページの「逆さ地図」参照）のターミナルとして、「北国、または高麗《こうらい》の船」も通交し、その船数は「一千艘《そう》」ともいわれるような（『御曹子島渡《おんぞうしししまわたり》』）、日本有数の交通・交易・流通の要地として中世に繁栄したことがわかっている。なお、「十三《とさ》」の地名は、アイヌ語の「トー・サム（湖のほとり）」に由来するともいわれている。

3　竹田和夫編『古代・中世の境界意識と文化交流』（勉誠出版、二〇一一年）や石原俊『硫黄島―国策に翻弄された一三〇年』（中公新書、二〇一九年）などの優れた成果を参照してほしい。
4　阿部恒久『「裏日本」はいかにつくられたか』（日本経済評論社、一九九七年）、古厩忠夫『裏日本―近代日本を問いなおす』（岩波新書、一九九七年）

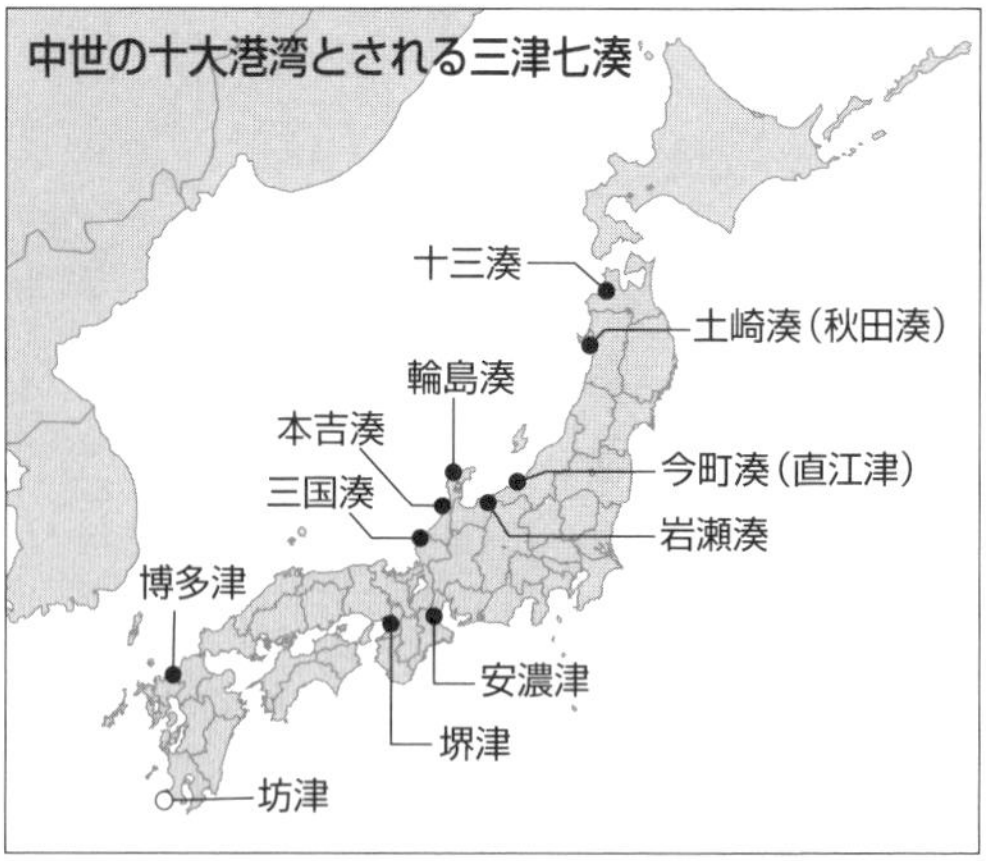

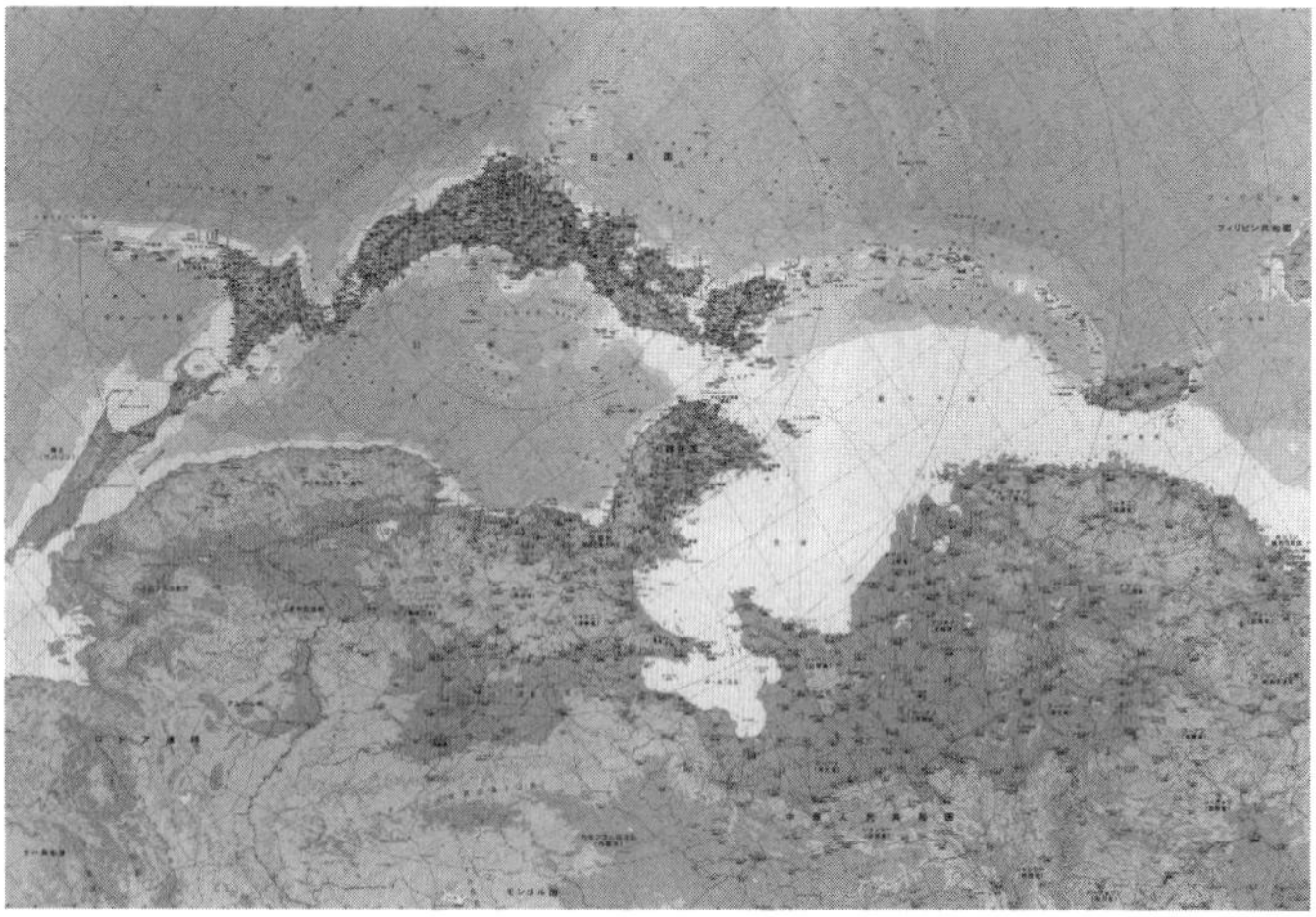

逆さ地図(環日本海・東アジア諸国図)。中国、ロシアなどの東アジア諸国に対し、日本の重心が日本海にあることを強調するため、従来の視点を回転させて北と南を逆さにした地図(この地図は富山県が作成した地図を転載したものである)

十三湊と安藤氏の盛衰

十三世紀の鎌倉期、日本有数の要衝であった十三湊は鎌倉幕府・北条《ほうじょう》氏が支配し、その下にいた安藤氏（平安期の奥州で勢力を持った安倍《あべ》氏の末裔《まつえい》を名乗った）が蝦夷沙汰《えぞさた》代官職として現地を管轄した（『新渡戸《にとべ》文書』『保暦間記《ほうりゃくかんき》』『諏方大明神画詞《すわだいみょうじんえことば》』）。そして、鎌倉幕府・北条氏が滅びた後、十四世紀（南北朝・室町期）以降も、安藤氏は十三湊を拠点として、室町幕府・足利《あしかが》氏へ海虎（ラッコ）の皮（千島列島周辺の産だといわれる）や昆布などの北方の特産品を献上している（『昔御内書符案《むかしごないしょふあん》』）。

さらに十五世紀には、安藤康季《やすすえ》が後花園《ごはなぞの》天皇の命を受け、「奥州十三湊日之本《ひのもと》将軍」と号して若狭《わかさ》国小浜《おばま》の羽賀寺《はがじ》（福井県小浜市）を再興、その際、莫大な金銭を寄進したと伝えられている（『羽賀寺縁起』）。日本海を舞台に、北方世界や中央（朝廷・幕府）ともつながる安藤氏の威勢が見て取れよう。

しかし戦国期に入る頃、安藤氏は、十二世紀末以来、陸奥北部を拠点としていた南部《なんぶ》氏との抗争に敗れ蝦夷へ渡海、十三湊も次第に衰退していった。十三湊は近世以降も枢要な港として位置づけられはするものの、かつて（中世）ほどの輝きは取り戻せず、いまは静かに日本海や十三湖が眼前に広がるばかりである。

さて、安藤氏が十三湊から蝦夷へと渡海したように、津軽から蝦夷へは津軽海峡を越えればすぐである。いまも津軽半島の龍飛崎《たっぴざき》（青森県外ヶ浜町）から北海道の地を眺めることができる。平泉の奥州藤原氏に拠《よ》っていた源《みなもとの》義経《よしつね》が頼朝《よりとも》軍に攻められた後、「とさの湊」（十三湊）から蝦夷へ渡ったと伝説で語られたり（『御曹子島渡』）、逆に蝦夷からも当時「多く奥州津軽外の浜に往来交易す」とあるなど（『諏方大明神画詞』）、海峡をまたいで津軽と蝦夷は近かった。では、その蝦夷の地はいかなるあゆみをたどってきたのだろうか。

和人とアイヌが共存と対立を繰り返す蝦夷

古代から中世にかけて、蝦夷では、漁労・狩猟・農耕などを行う「**擦文《さつもん》文化**」（前三世紀頃から七世紀にかけての「続縄文文化」から変容した）と海獣狩猟などを行う「**オホーツク文化**」（のちに「トビニタイ文化」へと変容。オホーツク海沿岸や道東を中心とする）、さらには、製鉄などを行う「**和人《わじん》文化**」（道南〔渡島《おしま》半島〕を中心とする）も接触・融合することによって、十二〜十三世紀頃には「**アイヌ文化**」が形成されていったとされている。

中世の蝦夷には三類がいたという。「日《ひ》の本《もと》」「唐子《からこ》」「渡党《わたりとう》」である。「日の本」と「唐子」は外国に連なり、姿かたちが夜叉《やしゃ》・鬼のようで、言葉もほとんど通じない。「渡党」は道南のあたりにいて、奥州外浜に往来交易しており、和人（シャモ）と似ていて、おおよその言葉も通じるが、体毛の濃さは異なっている。彼らは骨を使って毒矢を作ったり、木を削って木幣《もくへい》を作ったりしている（『諏方大明神画詞』）。これらの要素から、まさにアイヌを彷彿《ほうふつ》とさせる部分も見られる（毒矢とトリカブト、そして、イナウ〔木幣〕など）。

他方、十四世紀以降の室町期頃になると、安藤氏ら和人の蝦夷渡海も進んでいく。和人領主層の館《たて》である、いわゆる「道南十二館」の建設である。その代表的なものが、北海道函館市の志濃《しの》里《り》館であり、そのすぐ近くからは大量の古銭の入った越前《えちぜん》焼・珠洲《すず》焼の大甕《おおがめ》が三個出土している。この大甕は、十四世紀後半から十五世紀初頭に埋められたと推定されており、当時の交易によるにぎわいが想像できる。

和人とアイヌは混在して交易を行うが、種々のトラブルも発生した。例えば、志濃里の鍛冶職人（和人）がアイヌ人客とトラブルとなり、その客を刺殺した事件や、長禄《ちょうろく》元年（一四五七）には、

5 長谷川成一「津軽十三湊から見た中世より近世への転換――十三湊をめぐる諸問題」（同『近世国家と東北大名』吉川弘文館、一九九八年）。なお、十三湊や安藤氏といえば、一時、古代の東北史を記したといわれる偽書《ぎしょ》（『東日流外三郡誌《つがるそとさんぐんし》』）が世をにぎわせたことがあり、歴史学にとっても忘れがたい事案といえる。藤原明『日本の偽書』（文春新書、二〇〇四年）や斉藤光政『偽書「東日流外三郡誌」事件』（新人物往来社、二〇〇六年）を参照。

渡島半島東部のアイヌの首領であるコシャマインが、志濃里館以下の道南十二館を襲撃する事件が起こる。以後、和人とアイヌは、百年にわたって共存と対立を繰り返していくことになる（『新羅之記録《しんらのきろく》』）。

さらに広大な北方世界という視点

ただし北方史研究者らによると、和人とアイヌの両者は、それぞれ必ずしも一枚岩ではなく、また単純な二項対立の構図でもなかったらしい。というのも、アイヌは蝦夷地内で東西に分立していて、和人同士による熾烈《しれつ》な抗争もあったというからである。

さらに北海道檜山《ひやま》郡上ノ国《かみのくに》町の「勝山館《かつやまだて》・夷王山《いおうざん》墳墓群」からは、和人とアイヌ双方の墓やモノなどが発掘され、両者が混住していたことが明らかにされている。このようなことから、和人対アイヌという対立関係だけの見方は、徐々に相対化されつつあるようだ。[6]

加えて、アイヌは和人だけと対抗・交易していたわけではない。南方の和人のみならず、北方でも千島列島やカラフト（樺太）、そして沿海州などに住む人びととともダイナミックに競合・交流を繰り広げており、その範囲はまことに広大である。こうした「アイヌ—和人関係」だけにとらわれない、アイヌを中心に据えた見方も非常に重要である。[7]

その後、和人で蝦夷地の覇権を掌握したのが松前氏《まつまえ》（蠣崎氏《かきざき》）であった。近世（江戸期）に入ると、松前藩がアイヌとの交易を管掌し、以後、和人とアイヌは共存と対立を繰り返していく。だが、近世・近代移行期になると、帝政ロシアの出現によって日本における北方調査が進み、近代に入るとロシアとの間で国境画定作業が加速、日本は蝦夷地を組み込み、明治二年（一八六九）に北海道と改称する。その後、樺太千島交換条約（一八七五年）の締結、日露戦争（一九〇四〜〇五年）の勝利により、千島列島・南樺太を領有するにいたる。

しかし、第二次世界大戦の敗戦を経て、ロシアとの領土問題はいまなお解決を見ておらず、二〇二〇年にはロシアが憲法を改正し、領土の割譲《かつじょう》禁止を明記したことで、日露の交渉はいっそう難しいものとなった。

6　海保嶺夫『中世の蝦夷地』（吉川弘文館、一九八七年）、石井進『中世のかたち』（『日本の中世』1、中央公論新社、二〇〇二年）

7　榎森進『アイヌ民族の歴史』（草風館、二〇〇七年）、瀬川拓郎『アイヌの歴史―海と宝のノマド』（講談社選書メチエ、二〇〇七年）

現在の北方領土
＊外務省HP掲載図を元に作成

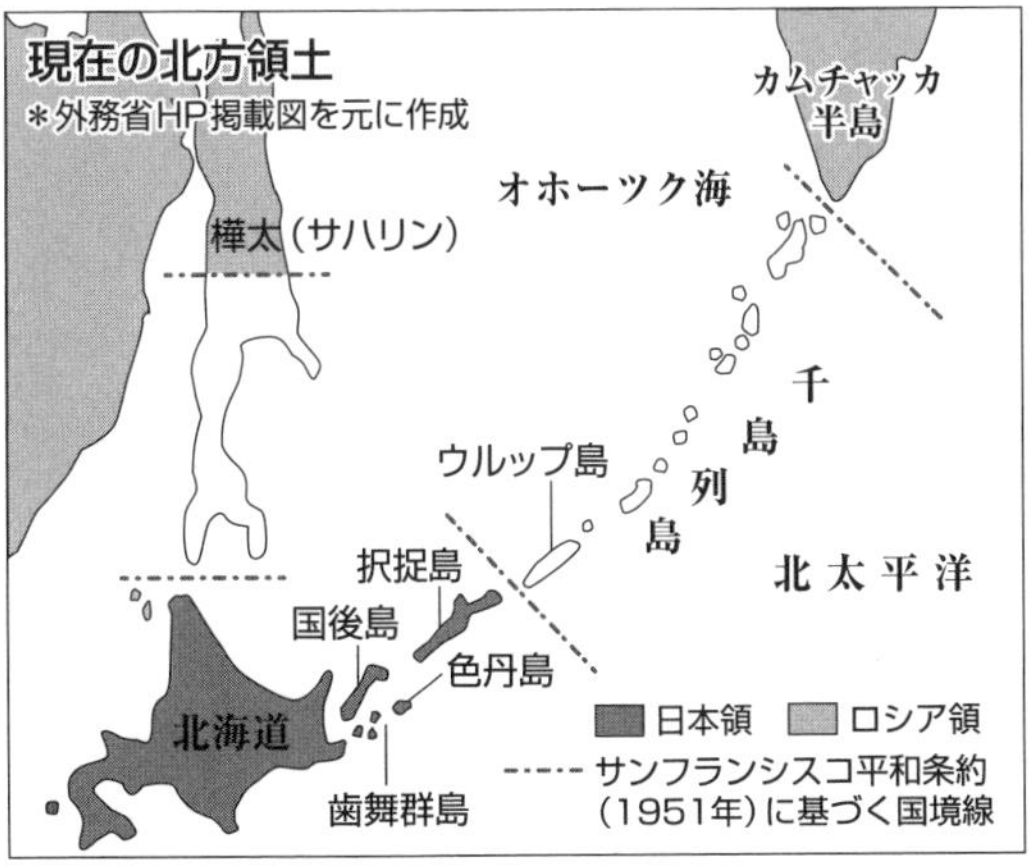

他方、北海道への日本人の移動が進んでいくなかで、アイヌは歴史的にも徐々に厳しい立場へと追い込まれていった。「北海道旧土人保護法」(明治三十二年〔一八九九〕制定、平成九年〔一九九七〕廃止)、「アイヌ文化振興法」(平成九年に制定)、「アイヌ新法」(令和元年〔二〇一九〕制定)と日本政府による保護政策が打ち出されてきたが、なお民族差別など多くの課題を抱えている。同時に、第二次大戦後にその一部がカラフトから北海道へと移動した、ニヴフやウィルタなどといったアイヌ以外の少数民族の存在についても、我われは忘れてはならないだろう。

南の境界＝容易にはたどり着けない「九州鬼界島」

次に「内」なる南の境界へ話を移す。そこは古代・中世に「九州鬼界島」と呼ばれた地域である。現在、薩南《さつなん》諸島にはその名も喜界島《きかいじま》(鹿児島県喜界町)や、硫黄島(鹿児島県三島《みしま》村。『平家物語』に俊寛《しゅんかん》が流された鬼界島の別名として「硫黄が島」が登場することから硫黄島＝鬼界島説がある)があるため、「九州鬼界島」はひとつの島に特定されがちだが、かつては南方の島々を漠然と指す使われ方もしていたという。

事実、鎌倉期に成立した『平家物語』には、「きかいは十二の嶋なれば、くち五嶋は日本にしたがへり、おく七嶋はいまだ我朝《わがちょう》にしたがはずといへり」とある。同様に、『平家物語』の異本

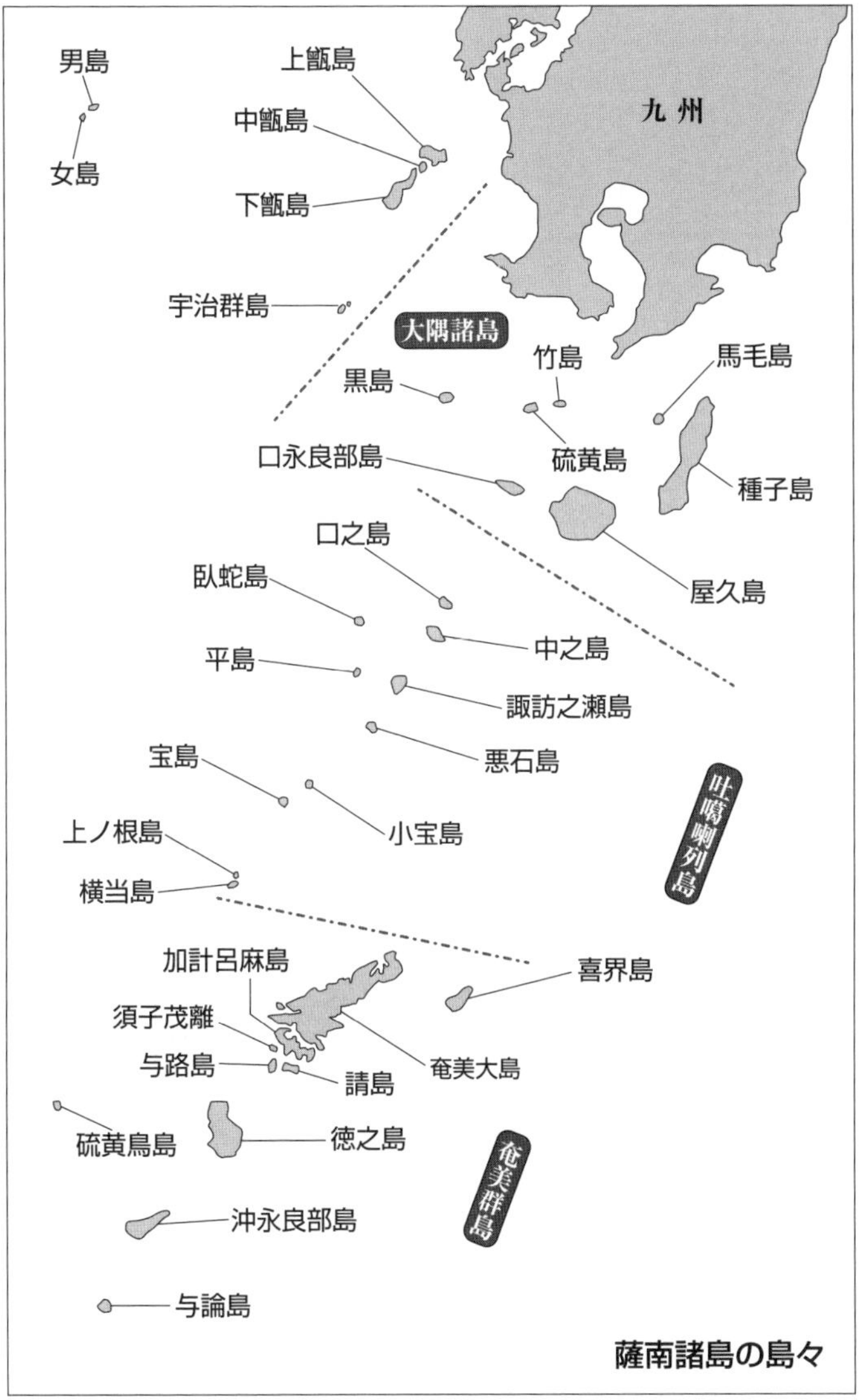
男島
上甑島
中甑島
九州
女島
下甑島
宇治群島
大隅諸島
竹島
馬毛島
黒島
硫黄島
口永良部島
種子島
口之島
臥蛇島
屋久島
中之島
平島
諏訪之瀬島
悪石島
宝島
吐噶喇列島
小宝島
上ノ根島
横当島
加計呂麻島
喜界島
須子茂離
与路島
奄美大島
請島
硫黄鳥島
徳之島
奄美群島
沖永良部島
与論島

薩南諸島の島々

『源平盛衰記《げんぺいじょうすいき》』にも、「鬼界は十二の嶋なれや、五嶋七嶋と名付けたり、端《はし》五嶋は日本に従へり」との記述が確認できる。

この「九州鬼界島」といわれる南方の十二の島々は、具体的には、薩南諸島北部の竹島・硫黄島・黒島《くろしま》などの上三島《かみみしま》周辺の「口《くち》五島」=五嶋、薩南諸島南部の吐噶喇《とから》列島(下《しも》七島)周辺の口《くち》之島《のしま》・悪石島《あくせきじま》などの「奥《おく》七島」=七嶋から成り立っていたことがうかがえる。

当時の史料によれば、島の人は日本の人と似ておらず、色黒で毛深く、話す言葉もよくわからず、独自の風習を持ち、姿かたちは夜叉・鬼のようで(『平家物語』)、その昔は島に鬼が棲《す》んでいたがために「鬼」界島と名付けられた、という(『源平盛衰記』)。キカイガシマが「鬼」界島と称されるゆえんである。同時に、北方世界の人びと(日の本・唐子・渡党)と、その相貌《そうぼう》の描かれ方が似ていることも興味深い。

一方で、キカイガシマの「キ」は、「鬼」ではなく、「貴」「喜」などのプラスの意味合いを込めて表記されることもあった。それは、これらの島々から調達が可能な南方の物産、具体的には、硫黄(火薬原料)・夜光貝《やこうがい》(螺鈿《らでん》細工)・赤木《あかぎ》(刀の柄《つか》や巻物の軸)・檳榔《びろう》(牛車《ぎっしゃ》の覆い)・蘇芳《すおう》(染料)・玳瑁《たいまい》(べっ甲)・法螺貝《ほらがい》(楽器)などが、中央のみならず、北方世界など(例えば、奥州平泉の中尊寺金色堂《ちゅうそんじこんじきどう》には、南方世界から採られた夜光貝が大量に使用されている)の支配者たちにとって、すこぶる重要だったからにほかならない。

それゆえにこそ、容易にはたどり着けないこうした島々には、九州地方・薩摩国から商船が往来し、さらには十世紀から十三世紀に及ぶ日宋貿易との関わりもあったのである。[8] 鬼＝マイナス、貴・喜＝プラスと、キカイガシマの両義性・境界性がよくわかる。

日本と琉球による争奪戦の歴史

このように、重要な地域であった「九州鬼界島」は、それゆえに、日本と琉球のあいだでしばしば争奪戦の対象となってきた。続けて、日琉のはざまで境界線が揺れ動く様子を見てみよう。まず古代では、奄美大島（鹿児島県奄美市）の東に浮かぶ喜界島の「城久《ぐすく》遺跡群」が注目されている。平安期から室町期にかけての遺跡で、そこが注目される理由は、古代の地方行政機関であった筑前国《ちくぜんのくに》大宰府《だざいふ》（福岡県太宰府市）に直結すると見られる遺構・遺物が多数発見されたためである。

平安期中葉の十世紀には、大宰府が喜界島と思われる「貴駕島《きがしま》」に対して「南蛮《なんばん》」（異民族）

8　永山修一「キカイガシマ・イオウガシマ考」（笹山晴生先生還暦記念会編『日本律令制論集』下、吉川弘文館、一九九三年）、高梨修『ヤコウガイの考古学』（同成社、二〇〇五年）、福寛美『喜界島・鬼の海域――キカイガシマ考』（新典社新書、二〇〇八年）、山内晋次『日宋貿易と「硫黄の道」』（「日本史リブレット」山川出版社、二〇〇九年）

の捕進《ほしん》（捕縛）を命じている史料もあるので（『日本紀略《きりゃく》』）、古代の日本が南方の島々に一定の影響力を有していたことは明らかである。

他方、同じ頃、喜界島の西に浮かぶ奄美大島については、「奄美島者」「南蛮」が船に乗って薩摩国などの九州地方を襲撃しにきていると史料にあるので（『日本紀略』『小右記《しょうゆうき》』『権記《ごんき》』）、奄美大島にいたる手前、喜界島の周辺まではひとまず日本の領域だったと思われる。なお、それ以前の七、八世紀頃には、奄美や沖縄周辺からも日本に朝貢していたことから（『続日本紀《しょくにほんぎ》』）、奄美などが、次第に日本の統制の利かない地域へと変貌していった様子もわかる。

次に十二世紀末、古代・中世移行期の「九州鬼界島」は、第二章でも触れた南の一大勢力であった九州阿多《あた》氏との関係が想定されている。同氏の本拠地である薩摩国阿多郡の持躰松《もったいまつ》遺跡（鹿児島県南さつま市）などから、奄美大島の南西に浮かぶ徳之島《とくのしま》（同徳之島町）産出のカムィヤキ（陶器）が出土していること、同氏が鬼界島に渡海したこと（『吾妻鏡』）などの事実がある。[9]

そして中世、鎌倉期には、鎌倉幕府・北条氏が同地を支配し、北条氏の被官だった千竈《ちかま》氏が阿多氏に替わり管轄した。千竈氏は、薩摩国河辺《かわなべ》郡の坊津《ぼうのつ》・大泊津《おおどまりのつ》（南さつま市）から、口五島（上三島周辺）・奥七島（吐噶喇列島の周辺）を越えて、さらにその先の喜界島・奄美大島・徳之島などの奄美群島をも所領としていたことが知られている（『千竈文書』）。中世日本の境界が南西へと拡大している様子がうかがえる。

ゆえに、同じ頃に成立したと見られる『平家物語』などの記述、すなわち、口五島が日本国内で、奥七島が日本国外というのは、事実とは異なる。しかし、口五島・奥七島という区分自体が当時存在したことはたしかである。

鎌倉幕府・北条氏が滅びると、千竈氏に替わって島津《しまづ》氏が当該地域を掌握した。島津氏はもともと「十二島」（口五島・奥七島）の権利を主張していたので、それを実現したということになる。さらに島津氏は、南北朝期には「拾《じゅう》弐《に》嶋《とう》此外《このほか》五嶋《ごとう》」を所領としていたとみえる（『島津家文書』）。つまり、「十二島」に加え五島（奄美群島周辺）、すなわち千竈氏が管轄していた境界領域を、島津氏は継承したと考えられている。

だが、十五世紀の室町・戦国期に入り、様相は一変する。喜界島・奄美大島・徳之島の奄美群島は琉球に属し、奥七島（吐噶喇列島）のあたりの島々が日本（薩摩国）と琉球の分属状態になるのである（『朝鮮王朝実録』『海東《かいとう》諸国紀』）。つまり、境界が北東へと移動し、日本側からすれば、国境が後退させられたことになる。

その背景としては、一四二九年（異説あり）の中山王《ちゅうざんおう》による琉球統一（琉球王国の誕生）と拡大があり、同時に、南九州・島津氏の混沌《こんとん》とした状況、すなわち、島津一族・国人《こくじん》らの分立・抗争

9　前掲柳原敏昭『中世日本の周縁と東アジア』

による統一権力の未成立[10]なども挙げられるだろう。

その後、境界は一進一退を繰り返すが、戦国的状況を克服し、近世を迎えた島津氏が、江戸幕府・徳川氏の承認のもとで慶長《けいちょう》十四年（一六〇九）に琉球へ出兵し、琉球王国を制圧するにいたる。

以後、基本的（対外的）には奄美群島の北東を日本（薩摩国）、沖縄本島を含む南西を琉球王国としたが、薩摩藩は実質的に南方の島々を支配し、琉球王国との交易も管掌する。そして薩摩藩と琉球王国の国境である与論島《よろんじま》（鹿児島県与論町）と沖縄本島の間は、近代・現代の鹿児島県と沖縄県の県境にも引き継がれていくこととなる。

なお、口五島・奥七島・奄美群島との区分はその後も続き、第二次大戦後、アメリカの占領のもと、口五島は日本の帰属となるも、奥七島と奄美群島はアメリカの統治となる。そして以後、奥七島は昭和二十七年（一九五二）に、奄美群島は昭和二十八年に、アメリカからそれぞれ日本へ返還された。

アジアのなかの琉球（沖縄）

続けて、古代・中世の日本が対峙《たいじ》した琉球の来歴を眺めてみることにしよう。

おおよそ漁労・狩猟・採集・交易（九州南部・中国大陸）を行う先史古代の「貝塚時代」（日本の縄文時代中期〔約五千年前〕から平安時代に相当）から、農耕・交易・抗争（グスク〔城〕を拠点に地域勢力同士が争う）を行う中世の「グスク時代」（十二〜十六世紀）へと移った琉球は、やがて各地の首長（よのぬし）が三つの勢力の下にまとまっていく。

そのため十四世紀には、山北《さんほく》（沖縄本島北部）・中山《ちゅうざん》（沖縄本島中部）・山南《さんなん》（沖縄本島南部）の各勢力が鼎立《ていりつ》する「三山《さんざん》時代」を迎える。この沖縄における古代・中世移行期の時代背景としては、内的発展というよりは、喜界島をはじめとする奄美群島・日本（ヤマト）という外部からの衝撃があったのではないかといわれる。[11]

この三山勢力は、十四世紀後半に大陸で新たに建国された明《みん》との交易などもめぐって、共存と対立を繰り返していくことになる。そして十五世紀前半、中山王の思紹《ししょう》・尚巴志《しょうはし》父子によって徐々に統一が進み、結果、尚氏は明（中華）皇帝から琉球国王と承認されるにいたる。その王国の成立は、先述のように一四二九年（異説あり）のことであった。

琉球国王の尚氏は、浦添《うらそえ》（浦添城。沖縄県浦添市）から首里《しゅり》（首里城。同那覇市）へと首都を移

10 新名一仁『室町期島津氏領国の政治構造』（戎光祥出版、二〇一五年）
11 谷川健一『甦る海上の道—日本と琉球』（文春新書、二〇〇七年）、吉成直樹・福寛美『琉球王国誕生—奄美諸島史から』（森話社、二〇〇七年）

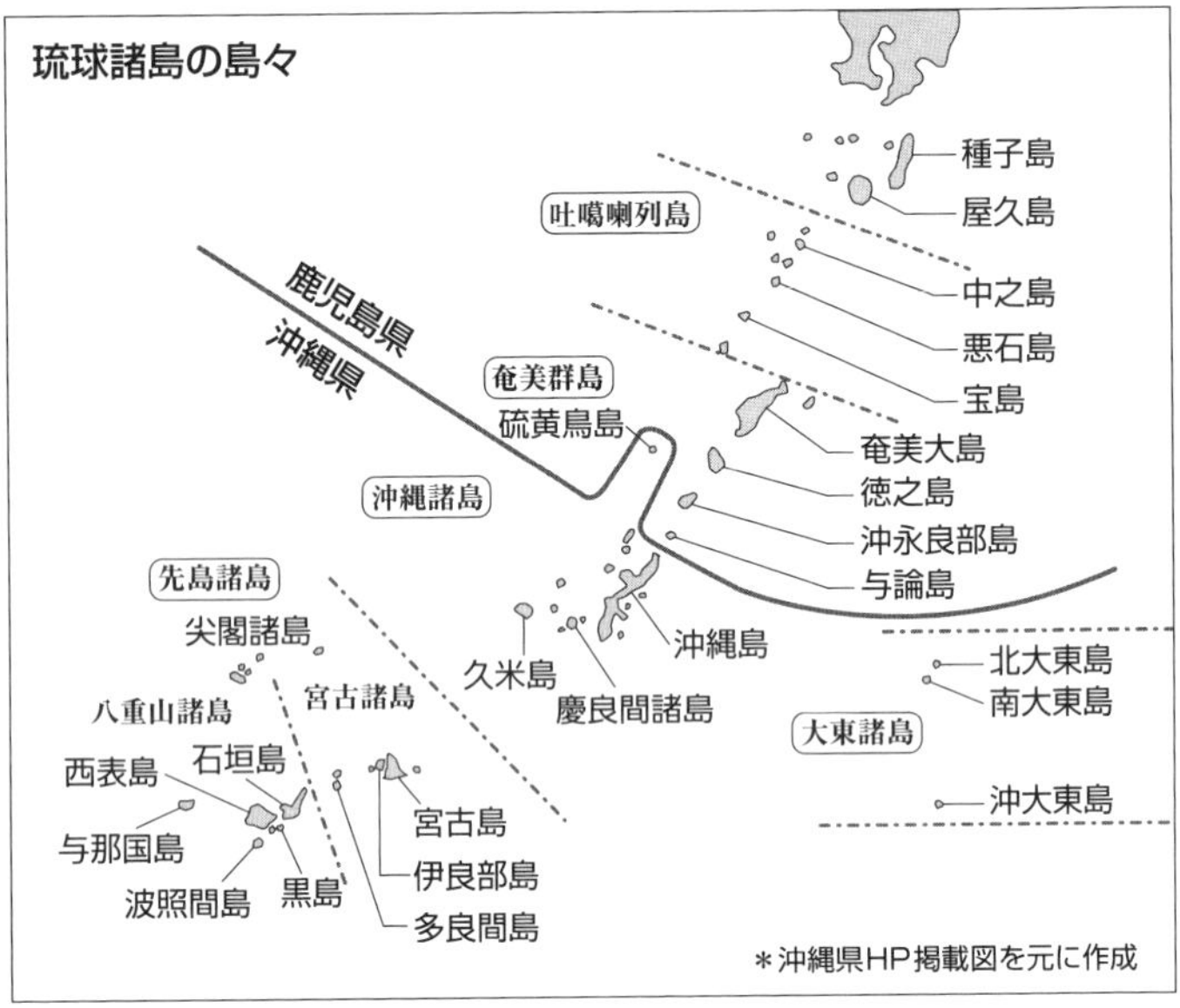

琉球諸島の島々

＊沖縄県HP掲載図を元に作成

し、島内の支配を固めていくとともに、十五世紀中頃以降、島外への進出も積極的に行っていった。

　北東は吐噶喇列島・奄美群島周辺、南西は先島《さきしま》諸島（宮古《みやこ》諸島・八重山《やえやま》諸島）周辺などへの勢力拡大である。このうち、北東の吐噶喇列島・奄美群島周辺については、日本（薩摩国・島津氏）と衝突したことは先に述べたとおりである。同時に、日本（室町幕府・足利氏、島津氏などの西南諸勢力など）とは交流もしており、日本・琉球間に広がる禅僧のネットワークなどがそれを支えていた。

　琉球はいうまでもなく明とも外交関係を持っており、王城・首里の外港である那覇には、外国人居留地・久米《くめ》村があった。そこに住む華人集団などがそうした外交関係を支えており、同村には朝鮮の人びともいて、琉球は朝鮮とも関係を持っていたことが知られる。このほか、那覇には日本人や東南アジアの人びともいたようで、海に開かれた国際都市を琉球国王・王府が管掌していた。

かつて首里城の正殿《せいでん》に掲げられていたという梵鐘《ぼんしょう》(いわゆる『万国津梁鐘《ばんこくしんりょうのかね》』)には、「琉球王国は南海にある素晴らしいところ(勝地《しょうち》)であって、朝鮮からは優れたものが集まり、明(中国)・日本とは密接な関係にある、日中のあわいにあらわれた不老不死の島(蓬莱島《ほうらいじま》)である。琉球王国は船を使って万国の架け橋(津梁《しんりょう》)となり、世界中の珍しいもの(異産至宝《いさんしほう》)が、国内のあらゆる寺院(十方《じっぽう》の刹《さつ》)に満ち溢《あふ》れている」との漢文が刻まれている。同文からもわかるように、日本・中国・朝鮮・東南アジアなど各国(万国)との中継貿易で繁栄するのが、琉球王国の本領であった。

しかし十五世紀後半から十六世紀には、明の衰退による交易の制限や、日本・中国・ヨーロッパ(ポルトガル・スペイン)商人などの諸勢力が同海域へ参入したことで、競争が激化する。それとともに琉球の存在感は相対的に低下し、十七世紀に入り、琉球は日本(薩摩国・島津氏)によって制圧されるにいたる(「古琉球」から「近世琉球」へ)。以後、王国自体は存続するが、奄美群島より北東の部分を失い、日本(江戸幕府・薩摩藩)と中国(明・清《しん》)に両属することになる。

そして近代に入ると、日本と中国のあいだで国境画定作業が進むなか、日本は明治五年(一八七二）に琉球王国を「琉球藩」へ、ついで明治十二年には「沖縄県」へと改称し、国王も東京へ移動させ、ついに日本の領土に組み込む。
だが、沖縄の地理的（地政学的）な重要性ゆえに、第二次大戦下の沖縄戦、アメリカ統治時代（一九四五〜七二年）を経て現在まで、尖閣《せんかく》諸島問題、米軍基地の移設問題など国境・基地問題は絶えず、いまも沖縄（琉球）の歴史は多くの苦悩を抱えている。
ときに沖縄（琉球）は日本（ヤマト）とのあいだに政治的・歴史的な差異や分断が強調されがちではあるが、事実、琉球王国の存在など、日本からの自立性（民族性）が強いことは間違いない。[12] しかし同時に、そのはじまりより、日本（ヤマト）からの影響が少なくないというのも事実である。[13]
また、沖縄（琉球）を見る場合には、那覇・首里のみならず、それ以外の地域や島ごとに独自の歴史と見方があり（「**いくつもの沖縄**」）、那覇・首里中心の歴史観に偏りすぎないことも重要なところであると思われる。例えば、令和元年（二〇一九）十月、首里城が火災で焼失したが、与《よ》那国島《なぐに》（離島）の人間にとって首里城は支配・搾取の象徴と映り、怨念を感じると言いきる方もいることから、沖縄が決して一枚岩ではない（多様な意見がある）ことにも注意が必要である。[14]
以上のように、境界の「内」と「外」は、現在はいずれも日本の国家に属しているが、「外」（蝦夷・琉球）は「東西南北」よりも強い独自性を誇っており、「内」（奥州外浜・九州鬼界島）についても、東北地方・九州地方にありながら、さらにいっそうの辺境性・境界性を有しているなど、この国の多様性(「いくつもの日本」)を見ていくうえで、欠かせない重要な地域といえるだろう。

ここまでの第一部では、「東西」「南北」「内外」といった「場」=地域に注目することで、日本列島がいくつもの〝多彩・多様な地域〟から構成されていることを、多くの貴重な研究によって確認してきた。

続けて第二部では、「朝廷」「幕府」「寺社勢力」といった「人」=階層に着目し、中世列島社会の多元的な姿を、長年積み重ねられてきた意欲的な研究に基づいて確認していくことにしたい。

12 高良倉吉『琉球の時代──大いなる歴史像を求めて』(筑摩書房、一九八〇年)
13 伊波普猷『古琉球』(沖縄公論社、一九一一年)、吉成直樹・高梨修・池田榮史『琉球史を問い直す──古琉球時代論』(森話社、二〇一五年)
14 「「首里城には怨念を感じる」離島から見た首里の姿に記者苦悩　那覇中心の視点問い直す」(『沖縄タイムズ』二〇二〇年十月十八日付)

II部

「人」「階層」からみる〈いくつもの日本〉

第四章　朝廷と幕府——二大勢力の関係性をめぐる激しい学説論争

中世社会＝分権性の高い世界

第一部では、「東と西」「南と北」「内と外」といった**「場」＝地理・空間的テーマ**から、「いくつもの日本」の姿を見てきた。続けて第二部では、「朝廷と幕府」「寺社と宗教」「生業《せいぎょう》と身分」といった**「人」＝身分・階層的テーマ**で分けて「いくつもの日本」＝「いくつもの中世」の諸相を見ていくことにする。これにより、中世社会が近代社会とは異なり、いかに分権性の高い世界であったかを確認したい。ここで「朝廷・幕府」という中世を代表する支配層に加えて、「寺社」(大寺院・神社。当時は、神仏習合《しんぶつしゅうごう》のため一体化していた)という「もうひとつの勢力」にも注目するのは、これらが〝中世の三大権力〟ともいわれ、多元的な統治主体・権力主体が分立・並存していた中世という時代の大きな特徴を理解するうえでの格好のテーマであるためである。同時に、こうした支配者たちのみならず、被支配者の存在形態もまたじつに多様であったことから、彼らの「生業」（仕事や職業）も重要なテーマとして扱わなければならない。

このようにいずれも、前近代の重層的で多彩な人びとの活動を知るうえで、不可欠の要素ばかりである。そのため、それぞれの内容ごとに長年積み重ねられてきた重厚な研究史が存在している。そこで、まずはこうしたテーマの教科書ないし通説的なイメージを確認したうえで、その定説・通説への批判（異議申し立て）として、現在有力と考えられている学説を積極的に紹介したいと思う。そして最後に、それらに対する研究者からの主要な反応を見ていきたい。

それが結果的に、本書の目指す「分裂と統合の日本中世史」のより深みのある理解につながると確信する次第である。

なぜ鎌倉幕府の成立年は確定できないのか

さて、再度確認しておくと（本書の序章参照）、中世は、近代国家の集権性（中央集権）はいうまでもなく、近世の「幕藩体制」、古代の「律令体制」などと比べてみても、その分権性の高さが顕著である。それは、第一部で見た「東と西」「南と北」「内と外」といった列島各地の地域的な個性からも明らかであるが、それぞれの「場」＝地域を動かす人びともまたじつに多様であり多彩であった。本章ではまず、朝廷（公家）・幕府（武家）という中世の日本を支配していたふたつの大勢力に注目し、その関係性を考えていく。具体的には、武家政権の画期となった鎌倉幕府の位置づけを中心に見ていくことにする。

日本中世史家の石井進(1931-2001。朝日新聞社提供)

鎌倉幕府についてはいまさらいうまでもなかろうが、十二世紀末、東国鎌倉（神奈川県鎌倉市）に源頼朝《みなもとのよりとも》が打ち立て、元弘《げんこう》三年（一三三三）に足利《あしかが》軍によって滅ぼされたものである。では、そのはじまりは具体的にいつなのか。以前は一一九二年（「イイクニ」）と教えられたが、最近では一一八五年（「イイハコ」）へ変わった、などというように、種々議論のあることは、すでにご存じの方も多いかもしれない。

しかし、じつは一一八五年にも疑問が出されているのが実態であり、ここで問うべきは単なる年代の暗記・語呂《ごろ》合わせではなく、主張された学説の根拠である。では、どのような理由によって幕府の成立年が割れているのか、以下、戦後の中世史研究をリードした石井進《いしいすすむ》（一九三一〜二〇〇二）の『鎌倉幕府』（「日本の歴史」7、中央公論社、一九六五年）などの著書によって見てみよう。

石井によれば、鎌倉幕府の成立年については、主に以下の六つの学説があるという（カッコ内は、その学説の根拠となった事項）。半世紀以上前に、すでにこれだけの説が出されていたとは、驚きである。

①建久《けんきゅう》三年＝**一一九二年説**（頼朝、征夷大将軍《せいいたいしょうぐん》となる）
②建久元年＝**一一九〇年説**（頼朝、右近衛大将《うこのえたいしょう》となる）
③文治《ぶんじ》元年＝**一一八五年説**（いわゆる「守護・地頭」の設置）
④元暦《げんりゃく》元年＝**一一八四年説**（公文所《くもんじょ》・問注所《もんちゅうじょ》の設置）
⑤寿永《じゅえい》二年＝**一一八三年説**（「十月宣旨《せんじ》」の獲得）
⑥治承《じしょう》四年＝**一一八〇年説**（南関東に軍事政権が成立）

このように、それぞれの主張の背景には、たしかな根拠があるわけだが、学説が割れているという事実は、各説に批判の余地もあることを意味している。では、それぞれの弱点はどこにあるのか。石井による解説などを整理してみると、おおよそ以下のようになる。

①「一一九二年説」は、頼朝の征夷大将軍就任を画期とするが、頼朝はこれをたった数年で辞任している。さらに、頼朝以前にも征夷大将軍に就任した人物は複数いたが（例えば、坂上田村《さかのうえのたむら》麻呂《まろ》など）、誰も幕府など開いていない。なお、近年発見された史料から明らかにされたことで

あるが、「征夷大将軍」については、「征夷」ではなく、「大将軍」の「大」の字が、「将軍のなかの将軍」「将軍を超える大将軍」という意味で重要だったらしい。[1]

②「一一九〇年説」は、頼朝の右近衛大将就任を画期とするが、これは「幕府」なる言葉が近衛府の長官（近衛大将）を意味するというところからきている。つまり、右近衛大将（右大将）への就任を（語義どおり）幕府の成立年とするわけだが、頼朝はこれもすぐに辞任している。さらに、頼朝以前にも近衛大将へ就任した人物は多数いたわけだが（例えば、菅原道真《すがわらのみちざね》や藤原道長《みちなが》など）、誰も幕府など開いていない。

以上から、①・②説にはかなり批判が多い。

また、**③「一一八五年説」**は、朝廷から頼朝に諸国の守護・地頭職の任免・設置が許可され、頼朝の全国支配が公認された「文治勅許《ぶんじのちょっきょ》」を画期とし、**⑤「一一八三年説」**は、朝廷が頼朝に対して、東国の荘園・公領からの官物や年貢の納入を保証させると同時に、頼朝の東国支配を公認する旨の「十月宣旨」（寿永宣旨）を画期とする。

とりわけ「一一八五年説」は、現在有力な見解となっていると思われ、例えば、山川出版社の高校歴史教科書『詳説日本史B』改訂版（二〇二〇年）では、一一八五年をもって「武家政権としての鎌倉幕府が確立した」と記されている。しかし、頼朝はそれ以前から独自に「守護・地頭」を設置しており、⑤説以前から自力で東国を支配している以上、実質性が先行しており、朝廷からは追認されたにすぎない。[2]

以上から、③・⑤説もじつはかなり疑問点が挙げられている。なお、③説が半世紀以上前から具体的に批判されていたことにも注意したい（石井進『鎌倉幕府』）。

さらに**④「一一八四年説」**は、公文所（のちに政所《まんどころ》。一般政務・財政事務を所管）・問注所（裁判事務を所管）という鎌倉幕府の主要機関の設置を画期としており、すでに見た①・②・③・⑤説と比べると、実質性が評価されているように思える。だが、やはり幕府は④説の以前から政治や裁判を行っており、これにも疑問があがっている。

かくして、**⑥「一一八〇年説」**が台頭する。

同説は、同年における頼朝の南関東制圧、鎌倉入府、公文所・問注所と並称される御家人を組織・統制する侍所《さむらいどころ》の設置と続く、一連の過程を画期としている。石井進も⑥説をとっていたようである。すなわち、頼朝による実質支配のはじまりを評価するわけであるが、他方、石井自身もいうように、その支配圏の広さには留意していない。つまり、南関東地方だけしか支配できていない政権を、「鎌倉幕府」と呼ぶのは、少々大げさすぎるのである。しかし、地域的にはまだ

1　櫻井陽子「頼朝の征夷大将軍任官をめぐって――『三槐荒涼抜書要』の翻刻と紹介」（『明月記研究』九、二〇〇四年）、下村周太郎「「将軍」と「大将軍」――源頼朝の征夷大将軍任官とその周辺」（『歴史評論』六九八、二〇〇八年）

2　川合康『鎌倉幕府成立史の研究』（校倉書房、二〇〇四年）、同『院政期武士社会と鎌倉幕府』（吉川弘文館、二〇一九年）

南関東一帯であっても、このときすでに鎌倉殿（頼朝）を頂点とする、軍事政権としての種々の特徴が出そろっている以上、幕府の出発点としては、治承四年（一一八〇）末を区切りに置くのがよいと、石井は⑥説を評価している。

たしかに南関東の地域権力を幕府というのであれば、日本中の地域権力もすべて幕府ということになってしまうだろう。事実、西の平氏を「六波羅《ろくはら》幕府」、北の奥州藤原氏を「平泉幕府」などとする議論も存在している。そのため、⑥説にもまた批判があるわけだが、重要な点は成立年を一点に絞りきることではなかろう。

石井自身も強く述べるように、「このような問題に対して、何かあるひとつだけの正解を要求し、ほかはすべてあやまりだ、とするような○×式の考えかた自体が、とくにこの時代には通用しない」わけで、「つねに対象をダイナミックに、動きつつあるものとしてとらえる努力を惜しんではならない」のである。鎌倉幕府は、①～⑥説を段階としつつ徐々に形成されていったわけで、各説が共存不可能なわけではない。

朝廷と幕府をめぐって対立するふたつの伝統的な学説

いずれにせよ、ここまで学説が並立しているということは、鎌倉幕府の存在・成立が日本史上いかに重要な出来事であったかを如実に表している。第一章（東と西）でも扱ったように、東西に幕府と朝廷があるという事態は、まさに〝権力の分散〟であり、中世そのものである。

このような「東西並立」（東の幕府、西の朝廷）のいわば二項対立で語られる幕府の位置づけは、おおよそ通説的・教科書的なイメージではないかと思われるが、こうした議論は歴史学界では**「東国国家論」**などと呼ばれている。これに対して異なる見解を呈するのが、一般的にはあまり有名ではないと思われるが、学界では支持者も多い**「権門《けんもん》体制論」**などと呼ばれる議論である。

いずれの見解も伝統的な学説であり、中世史を研究・理解するひとつの型ともいえる。前者は日本を東西分立的に眺め、後者は分裂的な諸勢力が天皇のもとでひとつに統合されているイメージでとらえている。このふたつの見方（見解）それ自体も、本書のテーマである「分裂と統合」と深く関わるものとなっている。そこで、以下、まずは前者（「東国国家論」）を、次に後者（「権門体制論」）を紹介し、最後に現在の研究動向を確認したい。

「東国国家論」――幕府は朝廷から自立した政権

「東国国家論」は、端的にいってしまえば、**鎌倉幕府（東国・武家）の存在を高く評価し、それを朝廷（西国・公家）から自立したひとつの国家・政権・王権とみなす考え方**である。なお、論

東国国家論を提唱した佐藤進一（1916-2017。朝日新聞社提供）

者によっては「東国政権」「東国王権」などと表記するが、意味するところにさほど大きな違いは認められず、以下、本書では「東国国家論」と総称しておく。

提唱者は佐藤進一《さとうしんいち》（中世史。一九一六～二〇一七）である。佐藤は鎌倉幕府について、すでに戦前の著書で「東国行政機関」として成立したとする。[3] そのうえで、戦後まもない時期の著書では、鎌倉幕府は「東国政権」として成立し、それが自己の本体であることを自覚しながらも、ついにそこにとどまりえなかったと結論している。[4] 鎌倉幕府（東国政権）は、公家の西国政権を最終的に克服して、全国政権へといたるコースをたどったとするのである。

東西の二極と幕府の優位。基本的な構図はもうここに見えているが、それ以降も佐藤は、鎌倉幕府が京都の朝廷から半独立的であったという東国政権論を繰り返し述べる。[5] そしてまた、古代律令国家のあとに生まれた王朝国家が中世国家の祖型で、東国に誕生した鎌倉幕府は、独自の特質を持つ中世国家の第二の型であり、この王朝国家と鎌倉幕府は相互規定的な関係をもってそれぞれの道を切り拓《ひら》いた、と結論するにいたる。[6]

同様に網野善彦《あみのよしひこ》（中世史。一九二八～二〇〇四）も、「東は東、西は西」「二つの国家、二つの都」

「東国国家と西国国家」として、鎌倉幕府＝東国国家が確立し、日本列島には相互に制度的な関わりを持ちつつも、ふたつの国家、それぞれに統治権を行使するふたつの権力が出現したと述べる。[7]

その後、五味文彦（中世史。一九四六〜）も、鎌倉の武家政権は京都の公家政権を凌駕《りょうが》し、鎌倉期を京・鎌倉のふたつの王権という視点から描く『京・鎌倉の王権』（「日本の時代史」8、吉川弘文館、二〇〇三年）を編んだ。同じく中世史研究者の本郷恵子（一九六〇〜）も、公家と武家、京と鎌倉を対比しつつ、幕府の成立以後、七百年に及んだ日本独自の「二重権力構造」の源泉を探るとして『京・鎌倉ふたつの王権』（「日本の歴史」6、小学館、二〇〇八年）を書いている。

それぞれ、国家・政権・王権と論者によってニュアンスにいささかの違いはあるものの、総じて東国（鎌倉）の幕府を重視する見方では一致しており、西国（京都）の朝廷との二項対立で描かれている。

3　佐藤進一『鎌倉幕府訴訟制度の研究』（畝傍書房、一九四三年）
4　同『幕府論』（中央公論社、一九四九年）
5　前掲同「武家政権について」
6　同『日本の中世国家』（岩波書店、一九八三年）
7　前掲網野善彦『東と西の語る日本の歴史』

「権門体制論」——通説に対する挑戦的な宣言

一方の「権門体制論」であるが、こちらは「東国国家論」とは異なり、一般的にはあまり知られていないと思われるので、少し丁寧に見ておきたい。

「権門体制論」は、端的にいってしまえば、**主に朝廷（公家）・幕府（武家）・大寺社（寺《じ》家《け》・社《しゃ》家《け》）の三大勢力（「権門」）が、競合しつつも相互に補完しあって、天皇を中心にひとつの国家を形成していたというもので、鎌倉幕府は、朝廷から独立した東国の国家・政権・王権などではなく、あくまでも国家を守護する権門のひとつにほかならない**、とみなす考え方である。

提唱者は、黒田俊雄《くろだとしお》（中世史。一九二六〜九三）である。以下、黒田の論文「中世の国家と天皇」から、その論理を追いかけてみよう。[8]

まず黒田は、当時の通説について次のように述べる。

「今日、中世史家のなかで通説的位置を占める学説では、中世の日本を、基本的に「古代的」な貴族政権と「封建的」な武家政権とが対抗する時代とみなし、そのうちの後者をこそ中世国家的なものとみる。そして中世は、この中世国家的なもの—その主体は幕府とされる—が漸次「古代的貴族政権」を圧倒してゆく過渡的な時代であるとされる」。つまり、公武の対立と幕府の優位との構図である。

これに対して黒田は、公家政権と武家政権が対立していたことだけを強調するのでは、政治的な局面についてのひとつの学説ではありえても、支配の総体を明らかにすることにはならないと批判する。公武（朝廷・幕府）の対立という通説的な構図への違和感の表明である。

そして、このような批判を行う理由を次のように述べる。

「なぜなら「二重政権」の時代といわれる鎌倉時代においても、ふたつの国家があったわけではなく、また、「公家政権」が「武家政権」なしに独自に支配を維持しえたとか、将軍（鎌倉殿）が国王であったかということは、さすがに確言する説がないのが実情だからである。公家と武家とが、対立しながらもひとつの国家を組織しつづけていたことこそが問題であるとおもう」と。

かくして、公家・武家を含めて全支配階層が、農民その他の全人民を支配した諸々の機構を総体的に把握することが課題として提起されるにいたる。具体的には、公家・武家両者が国家権力機構のうえで相互補完的な関係にあった事実を明らかにすること、そして、公家・武家それぞれの性格は「古代的」対「封建的」などとして根本的に対立させられるものではなく、共通した側面を持つものであったということ、である。

8　黒田俊雄「中世の国家と天皇」（『岩波講座日本歴史』六〈中世二〉、岩波書店、一九六三年）

要するに、公武の対立ではなく共存（相互補完）、そして、両者の異時代性（「古代＝朝廷」対「中世＝幕府」）ではなく、同時代性（公武はいずれも中世的勢力）を明らかにするという挑戦的な宣言であった。

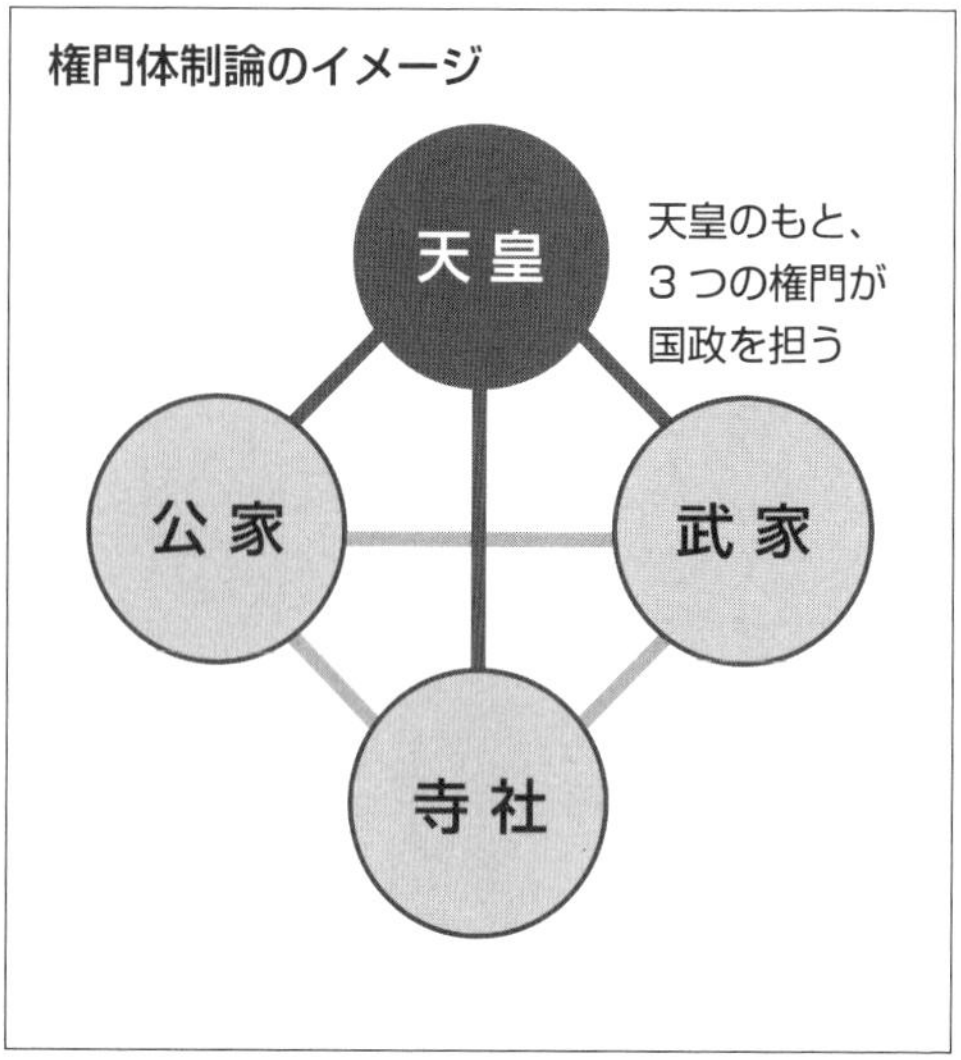

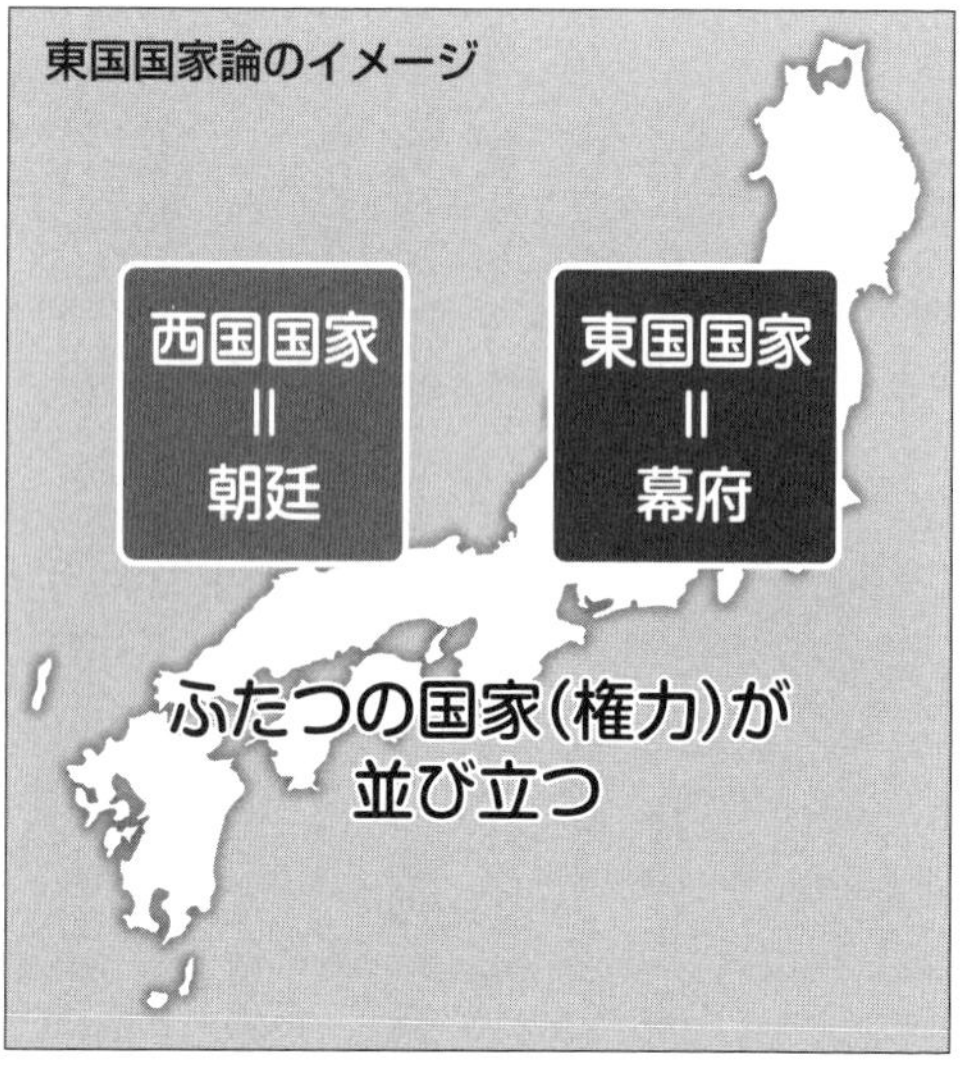

「権門」とは何を指すのか?

こうした問題を解くうえで黒田は、「中世の支配体制」を論じようとする場合にまず気づくことは、これまでの歴史学の研究上、その全体を総称する概念がなかった、と述べている。事実、古代には「律令体制」という概念があり、近世には「幕藩体制」という概念があり、いずれも政治権力機構を示す語として用いられているが、中世にはそれらに類する概念がないという。

黒田は、たしかに「荘園体制」という概念はあるとしつつも、それは一種の経済制度を指す言葉であって、本来的に政治権力機構を表現しうるものではないとして、これを否定している。

そして中世の場合は、その荘園の支配者にして、国政上に勢力を持ついくつかの門閥《もんばつ》家があり、それらの勢力が国政上なんらかの力を持ちえたため、権門勢家による国政の掌握という国家権力機構のあり方は、「律令体制」や「幕藩体制」と同様、ひとつの支配体制といえる、と結論する。かくして、権門勢家が国政を支配する国家体制を指す概念として「権門体制」という語をあてることが宣言され、ここに、「中世の支配体制」は「権門体制」と命名された。

では、その「権門体制」を担う権門勢家(権門)とは誰のことなのか。黒田は以下の三者を挙げる。

①公家　国家・国王を「後見《こうけん》」「執政《しっせい》」する存在である。具体的には、天皇家および王臣家、すなわち、個人としての天皇・上皇・法皇・女院《にょいん》・親王・摂関・大臣・納言《なごん》等々の顕貴《けんき》の貴族の家であり、公事《くじ》を司《つかさど》る文官的な為政者の家柄であることを本領とする。詩歌・儒学・暦法《れきほう》などの学問を家学とする者も、この類型の権門の一部に包含されている。

②寺家　国家・国王を宗教（仏教）により「護持《ごじ》」する存在である。具体的には、南都《なんと》（奈良・興福寺《こうふくじ》を中心とする寺社勢力）・北嶺《ほくれい》（比叡山延暦寺《ひえいざんえんりゃくじ》）その他の大寺社であり、神仏習合の状況のもとではいわゆる「社家」（有力神社に世襲的に仕える神職の家）もこれと区別はない。鎮護《ちんご》国家を標榜《ひょうぼう》し、公家の「王法《おうほう》」に対して「仏法《ぶっぽう》」の国家的性格を主張し、またほとんどは公家の氏寺・氏神であった。寺家・社家は国政に発言しうるだけの隠然たる力を持つが、直接政権を掌握することがないため、一見、権力機構から疎外されているように映る。

③武家　国家・国王を武力により「守護」する存在である。具体的には、いわゆる「武士の棟梁《とうりょう》」として、武士を私的に組織する者で、源義家《よしいえ》・平清盛《きよもり》・木曾義仲《きそよしなか》・源頼朝・藤原頼経《よりつね》（摂家出身の鎌倉幕府四代将軍）など、主に源平両氏によって代表される。

黒田は、この公家・寺家・武家の三者を権門（勢家）とする。そのうえで、その公的・国家的性格を強調した。

すなわち、権門勢家とは、ただ私的な実力によってのみ権門勢家たりうるのではなく、顕貴の文官の家柄であること、国家を鎮護する寺院であること、武力を統率して国家を守護すること、などのように、それぞれ国家的見地からの職能的な役割を帯びているということになる。それは、国家秩序における支配階層内部での分業形態ともいうべきもので、権門の私的性格は、これによって公的位置を与えられ、相互補完的な関係において国家を構成していた、という。そして、こうした権門体制、すなわち「中世の成立」を、鎌倉期ではなく、それより前、十一世紀後半から十二世紀後半の院政期に措定した。

かくして、公家・武家・寺家は、勢力を競い合いつつも、支配の体系の頂点＝「国王」の地位にあった天皇を戴《いただ》きながら（天皇は公家権門の長・一員であるとともに、諸権門の頂点に立つ国王でもあった）、国家権力を分掌して相互補完的な関係にあったとした。そして、この権門体制が、結局は中世をとおして存続したと結論し、中世とは、天皇のもと公家・武家・寺社という三大権門が競合・協調し、国家を支配した時代であった、と定義づけたのである。

権門体制論を提唱した黒田俊雄（1926-93。朝日新聞社提供）

そして黒田は、この「中世の国家と天皇」発表（一九六三年）の翌年、その姉妹編ないし続編ともいうべき「鎌倉幕府論覚書《おぼえがき》」(『日本史研究』七〇、一九六四年)において、権門体制論のなかの鎌倉幕府論として、幕府の権門的性格・公権的性格について自らの立場を補強しながら、「幕府は権門の一たる立場を脱することができなかった」「結局将軍は、権門のひとつ——たとえ最優勢であろうとも——たるにとどまるほかない」と再確認したのである。

両者の激しい論争

黒田俊雄本人もいうように、「権門体制論」は通説的見解とははなはだしく相違するところがあった。天皇・公家・寺社の位置づけの高さや、中世後期(室町期~戦国期)への適用などは現在もなお議論があるが、とりわけ、鎌倉幕府・源頼朝の位置づけの低さは、当時から激しい論争を招いた。

佐藤進一は、論文「武家政権について」のなかで、次のように反論した。まず、「最近十年ぐらいのことだが、有力な学説として権門体制論というのがある」と述べたうえで、「この説が出てから、従来の見解はだんだん色あせてきて、特に最近では権門体制論一色のように思われる。この問題について以前に多少書いた責任もあるので、もう一度検討してみたい」と語り、「黒田氏の権門体制論は、京都の朝廷側の論理であり、むしろ願望である」と批判する。
さらに佐藤は、「これ（権門体制論）で幕府の本質を説明できるかというと、私にはそうは思われない」「何よりも武家の政権をつくってそれを支えた人びとの努力と成果を、このような理解で正しく評価できるだろうかということに強い疑問を感ずる」として、「鎌倉幕府は京都の朝廷から半独立的な東国政権であった」と再度主張した。[9]
以後、「東国国家論」からの「権門体制論」に対する批判は続き、近年、研究史を総括した桜井英治（中世史。一九六一〜）も、現状を「権門体制論の一人勝ち」としつつも、「権門体制論の根幹にかかわることだが、同理論が主張するほど武士や幕府の地位を過小評価してよいのかという率直な疑問があろう」「卓越した法と裁判を通じて無数の寺社本所《ほんじょ》領の運命を決し、皇位継承さえ左右しえた鎌倉幕府の実力が、貴族や寺社並みというのはいくら何でも評価の公平さを欠く」と述べている。[10]
佐藤の反論に、むろん、黒田も黙ってはいない。
「戦後数十年間、現在にいたるまで、源頼朝にはじまる鎌倉幕府を「実質的」には一個の「中世

9 前掲佐藤進一「武家政権について」
10 前掲桜井英治「中世史への招待」

国家」であったとみなす見解が、指導的な中世史家によって繰り返し主張され、いまも首肯すべき見方として多くの人びとの支持をえている。けれども私は、この見方に同調することができない」と述べ、「その理由を改めていえば、なによりも鎌倉幕府という政権ないしそれを中核とする「東国」(関東)が」、「「封建王国」(国家)としての基本的要件を欠くとみられるから」である。「鎌倉幕府の公式記録が、ほかならぬ京都の「天皇」を自分たちの国王とみていたのは明白であり、そのことが疑いない以上、鎌倉幕府ないし「東国」をそれ自体独自の国家であったとみなすことは、所詮不可能」として、「中世「東国国家」は、かつて一度も存在したことがなかった」と結論した[11]。

かくして、「「東国」(関東)を独自の一個の中世国家とみる説は、「くに」(地域)と「封建王国」(国家)とを混同した見地に立つものと考えざるをえない」し、「「中世国家の二元性」などを強調するのは、結果として中世国家史の全体的な解明の課題をそらしているだけ」と論じた[11]。

評価が割れることの重要性

佐藤進一や桜井英治が「権門体制論一色」「権門体制論の一人勝ち」と嘆く一方、黒田俊雄も「(東国国家論が)いまも首肯すべき見方として多くの人々の支持をえている」と述べていることは、相互に支持者が多いことを暗示している。

決着はつきそうにないが、この論争は事実をめぐる解釈の違い、すなわち実質（実態）か形式（認識）かにあるのではないかと思われる。さらにいえば、これは絶対ではないが、「東国国家論」を推す関東系研究者（佐藤ら）と、「権門体制論」を推す関西系研究者（黒田ら）の対立であるという意見も少なくなく、研究者自らの地域的・学閥的な拘束性を逃れるのはなかなかに難しいという点も興味深い。網野善彦も『東と西が語る日本の歴史』で、日本史学の二潮流として「東の史家」と「西の史家」の対立に言及している。

いずれにせよ、ふたつの学説のうち、どちらか一方だけが決定的に誤り、というわけではない。ひとつのものをめぐってかくも評価が割れる、別の見方もあるということが、研究の進展のためにはより重要だと思われる。


以上、本章では、まずは中世社会を動かしたふたつの巨大勢力である「公家」と「武家」を取りあげ、近代社会とは異なる統治主体の多元性を確認した。そのうえで、鎌倉幕府の位置づけ（朝廷との関係）をめぐっては、より公武両者の分立を強調する「東国国家論」的な理解（幕府の

11　黒田俊雄「中世における地域と国家と国王」（『歴史科学』一〇九、一九八七年）

位置づけは相対的に高くなる）と、むしろ公武の相互補完性と天皇・国家のもとでの一体性を提起する「権門体制論」的な理解（幕府のそれは相対的に低くなる）のふたつを紹介した。

前者は「いくつもの日本」に、対して後者は「ひとつの日本」に連なる話といえ、「分裂と統合」の問題を考えるうえでは、重要な内容を含むため詳しく紹介した次第である。賢明なる読者諸氏は「東国国家論」と「権門体制論」のどちらの学説により魅力を感じただろうか。

第五章　寺社と宗教——現代とかけ離れた「もうひとつの勢力」の実態

中世における寺社の存在感

前章では、日本中世史研究におけるふたつの有力学説である「東国国家論」と「権門《けんもん》体制論」を紹介したが、そのうちの後者の議論で、公家・武家とともに重要な位置づけを与えられていたのが「寺社《じしゃ》」の存在である。

寺社（社寺）とは、いうまでもなく寺家《じけ》（仏寺）と社家《しゃけ》（神社）、すなわち、宗教勢力のことであるが、「政教分離」に則《のっと》る現代とは違い、前近代の国家・社会のなかでは、寺社・宗教の占める位置は極めて大きく、それを抜きにして中世は語れない。また、「神仏習合」や「宗教の暴力性」などで語られる中世の寺社・宗教の実態は、現代の日本人が抱くイメージとはかけ離れているものも多い。

そこで本章では、公家・武家と並んで枢要な位置を占めた寺社に注目し、中世宗教の基本的な姿を確認しておきたい。誤解のないようにしたいが、筆者が「公家」「武家」に加えて「寺社」に触れるのは、「権門体制論」を一方的に支持しているからではない。朝廷・幕府だけではなく、「もうひとつの勢力」から、中世の多元性とその諸相を眺める重要性を認識しているためである。

鎌倉幕府の基幹は密教寺院？

中世の寺社と宗教といえば、まず平安末期から鎌倉期に興った浄土宗などの鎌倉仏教（鎌倉新仏教）の存在が想起されるだろう。そこで、以下の文章をご覧いただきたい。

源頼朝により幕府が開かれて以降、鎌倉の地ではさまざまな仏教の宗派が興隆しましたが、これまで鎌倉における仏教信仰については、禅宗や律宗《りっしゅう》、あるいは浄土宗や日蓮宗などのいわゆる「鎌倉新仏教」が取り上げられる機会が多かったと思われます。しかし、幕府の基幹となった鶴岡八幡宮寺《つるがおかはちまんぐうじ》や勝長寿院《しょうちょうじゅいん》、永福寺《ようふくじ》といった大刹《たいさつ》はいずれも密教を主とする寺院であり、そこでは幕府や将軍家、北条氏などのためにさまざまな密教修法《しゅほう》が行われ、あくまでも中世鎌倉における信仰の根幹は密教にあったことがわかります。本展は、これまでクローズアップされることの少なかった鎌倉における密教の歴史と美術について紹介する展覧会です。寺外《じがい》初公開となる密教尊像《そんぞう》や、鎌倉ゆかりの密教美術の優品が一堂に会す貴重な機会となります。本展を通じて、鎌倉にかかわる密教信仰を概観するとともに、その多様性に富んだ造形世界を体感していただければ幸いです。

右の文章は、平成二十三年（二〇一一）秋に神奈川県鎌倉市で開催された、鎌倉国宝館の特別展「鎌倉×密教」のコンセプトである。

同館は大正十二年（一九二三）の関東大震災による寺社の倒壊や文化財の消失を機に昭和三年（一九二八）に設立された、約百年にわたる歴史を誇る鎌倉有数の文化施設であり、そこで三・一一（東日本大震災）の年に公開されたのが「鎌倉×密教」展であった。その展示では、鎌倉幕府の基幹となったのは「鎌倉新仏教」ではなく、密教を主とする寺院であり、あくまでも中世鎌倉における信仰の根幹は密教にあったことが明言されている。

さて、ここに書かれていることは、おおよそ一般的（教科書的）な理解（中世＝「鎌倉仏教」「鎌倉新仏教」が中心的であるというイメージ）とは異なることに気づくはずである。だが、これは誤りではない。それどころか、学界ではほとんど常識となっている考え方である。それでは、なぜ一般的な理解との差異があるのか、密教とは何か、鎌倉仏教はどこへいったのか、また、鶴岡八幡宮「寺」とは何か。このあたりのことを以下に見ていこう。

中世宗教＝「鎌倉仏教」ではない？

はじめに一般的な理解（イメージ）から確認しておこう。それは、中世を代表する宗教は鎌倉仏教（鎌倉新仏教）であり、その仏教と各宗派の祖師《そし》たちを高く評価する一方で、それ以前の宗教、すなわち、「旧仏教」についてはさほど意識しない、というものではないだろうか。

では、その旧仏教、すなわち「顕密《けんみつ》仏教」について、はじめに簡単にまとめておくと、おおよそ次のようになる。[1] まず、顕密仏教とは、その名のとおり、①**「顕教」**と②**「密教」**のふたつからなる。

①「顕教」とは、言葉で顕《あら》わに説き示された教えのことであり、具体的・基本的には、八世紀の奈良期に成立した「奈良仏教」＝南都《なんと》六宗《ろくしゅう》のことを指す。「六宗」とは、倶舎宗《くしゃしゅう》・華厳《けごん》宗・三論《さんろん》宗・成実《じょうじつ》宗・法相《ほっそう》宗・律宗であり、大和《やまと》国の東大寺（華厳宗）・興福寺《こうふくじ》（法相宗）・薬師寺（同）・法隆寺（同。現在は聖徳宗《しょうとくしゅう》）・西大寺《さいだいじ》（律宗）・元興寺《がんこうじ》（同）・大安寺《だいあんじ》（三論宗・成実宗）などの寺院が関係している。これらの宗派・寺院は、学問・研究などを重視した。

なお、「南都」とは奈良のことを意味する。

②「密教」とは、①とは異なり、言葉では容易には示すことができない〝秘密の教え〟のことであり、具体的・基本的には、八世紀末から十二世紀末の平安期に成立した「平安仏教」＝真言《しんごん》宗・天台《てんだい》宗の二宗であり、紀伊《きい》国金剛峯寺《こんごうぶじ》（真言宗）・山城《やましろ》国東寺《とうじ》（同）や近江《おうみ》国延暦《えんりゃく》寺《じ》（天台宗）・近江国園城寺《おんじょうじ》（同）などの寺院が関係している。これらの宗派・寺院は、加《か》持《じ》・祈禱《きとう》などを重視した。

このような顕密「八宗」（南都「六宗」＋真言・天台「二宗」）の仏教は、それぞれ分立しつつも、密教を中心に互いに共存しており、古代以来、巨大な勢力を誇っていた。

他方、鎌倉仏教（鎌倉新仏教）は、このような顕密仏教（旧仏教）を批判するかたちで中世に出現・拡大し、中世を代表する宗教になったように映る。キーワードは武士や庶民などでも対応（救済《きゅうさい》）することが可能な「念仏」「題目」「禅」であり、一応教科書どおりに「宗派・開祖・中心寺院」を確認しておくと、以下のようになる（中心寺院については必ずしも次のとおりとはかぎらない）。

1　以下、佛教史学会編『仏教史研究ハンドブック』（法藏館、二〇一七年）なども参照した。

念仏（南無阿弥陀仏《なむあみだぶつ》）

浄土宗：法然《ほうねん》（一一三三〜一二一二）。山城国知恩院《ちおんいん》（京都）

浄土真宗：親鸞《しんらん》（一一七三〜一二六三）。山城国本願寺《ほんがんじ》（京都）

時《じ》宗：一遍《いっぺん》（一二三九〜八九）。相模《さがみ》国清浄光寺《しょうじょうこうじ》（神奈川）

題目（南無妙法蓮華経《なむみょうほうれんげきょう》）

日蓮《にちれん》宗（法華宗《ほっけしゅう》）：日蓮（一二二二〜八二）。甲斐《かい》国久遠寺《くおんじ》（山梨）

禅

臨済《りんざい》宗：栄西《えいさい》（一一四一〜一二一五）。山城国建仁寺《けんにんじ》（京都）

曹洞《そうとう》宗：道元《どうげん》（一二〇〇〜五三）。越前《えちぜん》国永平寺《えいへいじ》（福井）

こうした鎌倉仏教（鎌倉新仏教）の動向に刺激されるかたちで、「顕密仏教」（旧仏教）の方にも改革派が登場する。法相宗の貞慶《じょうけい》、華厳宗の明恵《みょうえ》、律宗（真言律宗）の叡尊《えいそん》・忍性《にんしょう》などである。例えば、律宗の忍性は、大和国奈良や東国でハンセン病患者・社会的弱者・被差別民（非人）の救済に奔走し、鎌倉幕府・北条氏からの支援を受け慈善事業・公共事業に尽力したことでも知られている。当時はおろか、いまなおハンセン病に対する差別・偏見が強い日本で、忍性の行動は特筆される。[2]

なお、この忍性にとって（その師・叡尊にとっても）律宗（顕）と真言宗（密）は密接なものであった。同様に、例えば栄西にとっても臨済宗（禅）と天台宗（密）は分かちがたいものであったし、また日蓮の教えも、天台宗（密）の教学を基盤としている。このように、諸宗が広く兼学されている状態は、当時普通に見られたのであり、中世の宗教状況を考えていくうえで、そのことにはとくに注意が必要である。

中心にあったのは「顕密仏教」

以上のように中世における宗教の一般的なイメージは、「顕密仏教」から「鎌倉仏教」へその中心が動き、あたかも後者が中世社会を席巻《せっけん》したというものではないだろうか。しかし、いま述べた前提は百八十度ひっくり返ることとなる。すなわち、中世の中心をなす宗教は「顕密仏教」であって、「鎌倉仏教」ではないということである。

このことを一九七〇年代に提唱したのが黒田俊雄《くろだとしお》（中世史。一九二六〜九三）である。以下、論文「中世における顕密体制の展開」からその論理を追いかけてみよう。[3]

2　松尾剛次『忍性—慈悲ニ過ギタ』（ミネルヴァ書房、二〇〇四年）
3　黒田俊雄「中世における顕密体制の展開」（同『日本中世の国家と宗教』岩波書店、一九七五年）

まず、黒田は通説を次のように述べている。すなわち、「鎌倉新仏教」なるものを論じる場合、従来は当時の仏教の諸潮流を奈良・平安期からあった宗派という意味での旧仏教と、新興の宗派という意味での新仏教との、いわば宗派を基準にした区別によって二分し、そのうえで、新仏教を新時代に適合的な革新的なもの、対して、旧仏教を旧時代からの保守的なものと位置づけるのが一般的であった。それは中世の宗教で革新的な新仏教こそが主導的であり時代の面目であるとして、「鎌倉新仏教」を中世の代表者として高く評価する、という見方である。

以上のように通説を整理した黒田は、続けて以下のような通説批判を行った。すなわち、「鎌倉新仏教」なるものは、現実には中世末期にいたるまでいわば派生的で部分的な位置を占める存在でしかなく、先に挙げた従来の通説とまったく異なり、顕密主義こそが中世宗教の根幹をなす正統的なものであり、いわゆる新宗派など諸々《もろもろ》の革新運動は、その正統的宗教に対する「異端＝改革運動」の様々な形とみなすべきだ、と結論した。

ここに中世宗教の中心は、顕密仏教であることが宣言されたのである。この内容を、黒田は同論文で、以下のように再度整理・補足している。

顕密仏教：顕密主義について「正統」というのは、教義上の優位性が政治権力との結合により確認されており、さらに互いに権威付けあっている状態にあるという意味であり、中世においては、ほかならぬ顕密主義がそういう正統的地位にあった。

鎌倉仏教：正統に対して、「異端＝改革運動」というのは、その主体の立場では復古ないし改革を意図しながらも、正統の側からは調和を欠き逸脱《いつだつ》であるとみなされて（少なくとも警戒されて）いるところの傾向＝運動を指している。

そして、このふたつ（顕密仏教と鎌倉仏教）は、新旧の時代的な段階差を基礎とする概念ではなく、むしろ同時代的であり、共通基盤のうえに成り立っていて、「正統の側が歴史的・伝統的な実績を背景に一般的使命の達成と全体の秩序を維持する立場をとり、異端＝改革運動の側が当面の緊急な実践的問題の打開を標榜する」と結論する。つまり、顕密仏教の中心的な位置は全体として揺るぎないとした。

たしかに、中世における「南都北嶺《なんとほくれい》」（大和国興福寺や近江国延暦寺など）をはじめとする顕密寺社の勢力は非常に大きく、鎌倉期、鎌倉仏教（鎌倉新仏教）によってそれらが克服されたわけではない。事実、十四〜十六世紀の南北朝・室町・戦国期の武士たちも、延暦寺などには手を焼いている。

こうしたことからも中世を代表する宗教＝鎌倉仏教（鎌倉新仏教）というイメージは再考が必

要だろう。ただし、そのことはすでに約半世紀も前から提唱されていたわけだが。

顕密体制に立脚する公家と武家

では次に、黒田の見解を追うかたちで、「顕密仏教」（寺家）と「朝廷」（公家）・「鎌倉幕府」（武家）の関係を確認したい。中世（前近代）という時代に、宗教は国家とどのような関係を結んでいたのだろうか。

結論からいえば、国家権力との癒着・結合が成立していたわけであるが、はじめに朝廷との関係から見ていくと、それは「王法仏法相依《おうほうぶっぽうそうい》」とも称される。「王法」は政治権力で、「仏法」は宗教権威であり、このふたつはまさしく「王法仏法相双《あいなら》ぶこと、たとえば車の二輪、鳥の二翼のごとし」（『東大寺文書』）、「仏法王法牛角《ごかく》なり」（『平家物語』）という言葉に象徴される、相互補完的な関係にあった。

むろん、ここでいう「仏法」とは顕密仏教のことであって、中世の顕密仏教は国家権力との適合性を兼ね備えている正統的宗教、あるいは宗教における正統的存在であったという。同時に、天皇の即位儀礼・密教修法（印明伝授《いんみょうでんじゅ》・即位灌頂《そくいかんじょう》）や皇族・貴族の入寺（出家）、その氏寺・氏神の存在（例えば藤原氏の氏寺・氏神は、それぞれ大和国の興福寺・春日大社《かすがたいしゃ》）なども公家と寺家の相互補完関係を推進した。

同様に、宗教と鎌倉幕府の関係も見ていくと、源頼朝にはじまる鎌倉幕府も、その権門としての宗教政策は、原則的に公家のそれと異なるものではなかった。黒田は、幕府は基本的にはあくまでも顕密体制に立脚し、すすんでそれを擁護した権門であったと結論している。

この点、本章の冒頭に掲げた鎌倉国宝館の特別展「鎌倉×密教」のコンセプトを再確認すると、「幕府の基幹となった鶴岡八幡宮寺や勝長寿院、永福寺といった大刹はいずれも密教を主とする寺院であり、そこでは幕府や将軍家、北条氏などのためにさまざまな密教修法が行われ、あくまでも中世鎌倉における信仰の根幹は密教にあったことがわかります」と明記されていた。

事実、その後（黒田以後）の研究史でも、鎌倉幕府は基本的には（その独自性はあれ）顕密仏教を基本としていたとされており、この点にあまり異論の余地はなさそうである。[4]

神仏習合した鶴岡八幡宮寺

なお、先述の特別展のコンセプト文中にあった、相模国鶴岡八幡宮「寺」について、ここで確

4　石田浩子「中世寺院と顕密体制を考える」（秋山哲雄・田中大喜・野口華世編『日本中世史入門──論文を書こう』勉誠出版、二〇一四年）

近世の鶴岡八幡宮。大塔や鐘楼、護摩堂などの仏教施設が見える(「鶴岡八幡宮境内絵図」。1732年。鶴岡八幡宮蔵)

認しておきたい。

いうまでもなく、現在の鶴岡八幡宮のことであるが、前近代にはしばしば「鶴岡八幡宮寺」などと表記された。むろん、それは神仏習合ゆえのことであり、事実、鶴岡八幡宮寺にはトップの別当《べっとう》以下、供僧《ぐそう》などの僧侶がいて、神職と共存していた。また、境内の内外には、神宮寺《じんぐうじ》・脇堂《わきどう》・御影堂《みえいどう》や二十五坊などが建立され、仏教的世界が広がっていた。現代の境内の景観は、近代以降、神仏分離以後の姿であり、明治三年（一八七〇）、境内の内外から「寺」的な要素（薬師堂・護摩堂《ごまどう》・大塔《だいとう》・経蔵《きょうぞう》・仁王門や仏像・経文など）のほぼすべてが取り除かれ、ここに名実ともに鶴岡八幡宮「寺」は消滅した。[5]

このように、神仏習合とは、基本的に神ではなく、あくまでも仏が優位にあった。決して、神仏が平等・対等というわけではないことにも注意が必要である。なお、神仏分離は、廃仏毀釈《はいぶつきしゃく》と必ずしもイコールではない。明治政府はあくまでも「神」的要素と「仏」的要素を弁別することを目指したのであり、その過程で一部地域において廃仏毀釈に発展したのである。例えば明治元年、近江国日吉大社（第二次大戦後は「ひえ」ではなく「ひよし」と読むようである）では、神職以下が仏的要素を一方的に破壊したのだが、明治政府はこれをよしとせず、民衆も反発したとい

5　貫達人『鶴岡八幡宮寺―鎌倉の廃寺』（有隣新書、一九九六年）

う。[6]

「鎌倉仏教」はどこへいったのか？

以上のように、中世の中心をなす宗教は「鎌倉仏教」ではなく「顕密仏教」であったと考えられており、この黒田俊雄の学説は、現在の学界ではおおむね受容されていると見てよい。

では、「鎌倉仏教」はどこへいったのか。顕密仏教が主であったとしても、例えば、禅宗も幕府と密接な関係を結んでいたではないか。あるいは、戦国期、浄土真宗や日蓮宗（法華宗）も巨大な勢力だったではないか。このような疑問は当然のこととして出てこよう。以下、その問題を見ていく。

まず禅宗については、事実、鎌倉幕府から支持されており（相模国建長寺《けんちょうじ》・相模国円覚寺《えんがくじ》など）、室町幕府においても同様であった。一方で、禅宗と顕密仏教の対立もあった。もっとも有名な事例は、十四世紀後半の南北朝期に起きた「南禅寺《なんぜんじ》事件」ではないかと思う。ことのあらましは次のとおりである。

貞治《じょうじ》六年（正平《しょうへい》二十二年。一三六七）、山城国南禅寺（臨済宗）は関所を設けて銭を徴収していた。そこに、近江国園城寺（天台宗）の稚児《ちご》（児童）が通りかかり、関銭《せきせん》（通行税）を支払わずに通ろうとした。そのため、関所の人びと（南禅寺側）が稚児に乱暴行為をはたらき、これに対して園城寺側も即座に報復を行い、関所の禅僧以下複数を殺害し、関所もことごとく破壊してしまう。

他方、禅宗側は山城国天龍寺《てんりゅうじ》（臨済宗）以下の長老たちがそれぞれの寺からいっせいに退去し、室町幕府へ嗷訴《ごうそ》（僧徒らが仏力神威をかざしての示威行動）に及んだという。幕府はこれを受け軍勢を派遣し、園城寺の管轄する関所複数を破却《はきゃく》・焼却させた（『師守記《もろもりき》』）。しかし、園城寺も黙ってはいない。近江国延暦寺・大和国興福寺の南都北嶺・顕密仏教勢力と相談・同心《どうしん》し、延暦寺は公武が禅宗に偏りすぎていることを批判した（『愚管記《ぐかんき》』）。

その後、南禅寺が「延暦寺の法師は人間ではなくサルであり、園城寺の悪党は畜生にも劣るガマガエルだ」などと徹底してこき下ろしたとして、延暦寺側はついに激怒する。翌応安《おうあん》元年（正平二十三年。一三六八）、南禅寺の破壊および責任者の追放を主張し、日吉大社の神輿《しんよ》入洛《にゅうらく》（僧兵らが、神輿をかついで洛中に入る抗議行動）もちらつかせて、公武に対して強く決断を迫った。

そしてなかなか動かないと見るや、神輿入洛・振棄《ふりすて》（神輿を置き去りにする）を断行。結果、南禅寺側の責任者の追放が決定するが、延暦寺の怒りは収まらない。応安二年（正平二十四年）、再度、神輿入洛・振棄を決行し、武家と衝突・流血する事態となった。

6　圭室文雄『神仏分離』（教育社歴史新書、一九七七年）、安丸良夫『神々の明治維新——神仏分離と廃仏毀釈』（岩波新書、一九七九年）

かくして公武は、南禅寺新造の楼門の破却と礎石《そせき》の撤去を行うこととなり、延暦寺側はそれを見届けて、神輿は日吉大社へと帰座していった（『続正法論《ぞくしょうぼうろん》』『南禅寺対治訴訟《たいじそしょう》』『山門嗷訴記《さんもんごうそき》』『愚管記』『後愚昧記《ごぐまいき》』）。

ここからうかがえるのは、延暦寺・園城寺・興福寺といった「南都北嶺」の強さ（政治的・経済的・宗教的・軍事的な）であり、南北朝・室町期にも顕密仏教は大きな存在であったことがわかる。同時に、禅宗の台頭にも著しいものがあり、幕府（足利氏）は顕密仏教と禅宗を並置したという。

なお、そもそも顕密仏教・禅宗・神祇《じんぎ》信仰などは融合しており、必ずしも常に截然《せつぜん》と分けられるものではなかった。加えて、当該期には幕府は浄土宗や時宗も保護しており、全体的に諸宗の共存が図られたといわれている。[7] 以上がおおよそ室町期の様相である。

信長との抗争で知られる「戦国仏教」とは？

では、浄土真宗や日蓮宗はどうだったのか。

これらの宗派が、本格的に台頭してくるのはおおむね室町期を経て戦国期（十五〜十六世紀）のことであるとされる。そのため、鎌倉仏教（鎌倉新仏教）ではなく、「戦国仏教」と呼ぶべきとの議論がなされており、現在、そうしたタイトルを掲げる書籍もあって刺激的である。[8]

ここで戦国期に浄土真宗・日蓮宗が各地で台頭してくる具体的なケースをひとつずつ挙げてみよう。

「戦国仏教論」を代表する論者のひとりである湯浅治久（中世史。一九六〇〜）は、瀬戸内海屈指の港町・備前《びぜん》国牛窓湊《うしまどみなと》（岡山県瀬戸内市）の日蓮宗寺院・本蓮寺《ほんれんじ》に注目し、同寺院が、十五世紀中葉、海運業や金融業で富を成した新興の有徳人《うとくにん》（富裕者）・石原氏と京都の本能寺などを建立した日隆《にちりゅう》との出会いによって創建されたこと、その後、戦国期に番神堂《ばんしんどう》（法華経《ほけきょう》を守護する「三十番神」を祀《まつ》った神堂）他も建立されるなど、地域の人びとから支持も得ていたことを指摘している。

また、浄土真宗について見てみると、やはり十五世紀中葉以降、蓮如《れんにょ》・実如《じつにょ》父子によって北陸・東海地方を中心に勢力を拡大している。彼らは名号本尊《みょうごうほんぞん》（「南無阿弥陀仏」などの名号を紙や絹に墨書し、それを本尊としたもの）や御文《おふみ》（真宗の教えをわかりやすく説いたもの）を用いて布教

7 原田正俊『日本中世の禅宗と社会』（吉川弘文館、一九九八年）、大田壮一郎『室町幕府の政治と宗教』（塙書房、二〇一四年）など。

8 湯浅治久『戦国仏教——中世社会と日蓮宗』（中公新書、二〇〇九年）、河内将芳『戦国仏教と京都——法華宗・日蓮宗を中心に』（法藏館、二〇一九年）

を行い、例えば三河《みかわ》国では土呂本宗寺《とろほんしゅうじ》（愛知県岡崎市）や、佐々木上宮寺《ささきじょうぐうじ》（同）、針崎勝鬘寺《はりさきしょうまんじ》（同）、野寺本證寺《のでらほんしょうじ》（愛知県安城《あんじょう》市）のいわゆる三河三ヶ寺を中心にして、三河内外へ教線を展開させている。本宗寺などの真宗寺院は、そこを中核に地域で「寺内《じない》」（寺内町）という都市的な場を形成した。寺内は堀や土塁で囲まれるなどの防御施設を持って武装しており、のちには若き徳川家康を苦しめる「三河一向一揆《いっこういっき》」（一五六三〜四年）の拠点となっていくことになる（『愛知県史』通史編二・三）。

　このように、まさに日蓮宗と浄土真宗の台頭は、戦国期の出来事であった。

　そうなれば、当然黙っていないのが、顕密仏教勢力、とりわけ延暦寺である。寛正《かんしょう》六年（一四六五）、延暦寺は浄土真宗に対し、本願寺と本願寺八世・蓮如を仏敵として山城国大谷《おおたに》本願寺（京都市東山区）を破壊、また京都市中にある日蓮宗寺院の破却も企てた。十六世紀に入ると、浄土真宗・日蓮宗は互いに巨大化し、天文《てんぶん》元年（一五三二）、日蓮宗徒と近江の大名六角定頼《ろっかくさだより》が山城国山科《やましな》本願寺（京都市山科区）を破壊。そして、今度は天文五年、延暦寺宗徒が六角定頼の援《たす》けを受けて、京都内外にある日蓮宗の二十一寺院を焼き払った（「天文法華《てんぶんほっけ》の乱」）。これにより京都の下京《しもぎょう》が全焼、上京《かみぎょう》も三分の一が焼け落ちた。そして、同年閏《うるう》十月には幕府管領《かんれい》の細川晴元《はるもと》によって、日蓮宗徒の洛中洛外の徘徊《はいかい》と寺院の再興が禁止された。

　その後、延暦寺と、摂津《せっつ》国大坂に移った本願寺は、ともに織田信長との抗争で屈服する。戦国期における顕密仏教、そして、浄土真宗・日蓮宗の強大さがあらためてうかがえるところである。

「日本宗」とキリスト教

こうした中世後期の宗教状況をあらためて整理すると、顕密仏教に加えて、室町期には禅宗・浄土宗・時宗などが、戦国期には浄土真宗・日蓮宗などがそれぞれ台頭した。

その後、天正十五年（一五八七）、羽柴《はしば》（豊臣）秀吉が九州平定後にキリスト教の「禁教令」（バテレン追放令）を出し、以後、同教を「異端」とした。他方で、中世・近世移行期の統一権力（羽柴・徳川）は、国内の宗派を「正統」なる宗教として位置づけ、諸宗共存が図られていく。[9]

なお、こうした日本の「正統なる宗教」（顕密仏教・鎌倉仏教）は、当時、「日本宗」（日本的宗教）などとも呼ばれ、どの宗派もじつは大差なく、共生が可能なものであるとされていた。これはまさに現代につながる内容を含んでおり、注目される。[10]

この点、中世後期の宗教社会史を研究する神田千里（一九四九〜）は、その著書『宗教で読む

9　安藤弥『戦国期宗教勢力史論』（法藏館、二〇一九年）
10　神田千里『島原の乱——キリシタン信仰と武装蜂起』（中公新書、二〇〇五年）、同『宗教で読む戦国時代』（講談社選書メチエ、二〇一〇年）

戦国時代』のなかで興味深い視点を指摘している。

すなわち、「島原の乱」（一六三七〜三八年）でキリシタンの一揆に対抗する人びとが、自分たちが信仰する伝統的な日本人の宗教を「日本の宗門」あるいは、「日本宗」と呼んでいたというのである。神田は、当時の人びとが「日本」の宗教と「外国」の宗教を対比させ、自分たちの信仰や宗教心を「日本」という国家との関係で位置づけ、「日本」に住む「日本人」という自己認識を持っていた点に注目している。そして、そうした観念を持った日本人は、当時（近世）にあってとくに珍しいことではなかったという。

その後、近代に入り、キリスト教なども含めて「信教の自由」が認められ、「政教の分離」も原則化されて現代にいたっている。

以上、これまでの流れを振り返ってみると、鎌倉仏教（鎌倉新仏教）という概念はすでに不要になったようにも映る。たしかに、「鎌倉仏教」はそのすべてが、鎌倉期に国家・社会レベルで台頭したわけでは決してないため、歴史認識のミスリードは否定しがたい。

他方、法然・親鸞・一遍・日蓮・栄西・道元などの祖師たちに加えて、明恵・叡尊などの人びとは、「女人《にょにん》」「非人」（被差別民）なども含めた、「個人」の救済という点では画期的・革新的であり、鎌倉仏教（鎌倉新仏教）という概念は、放棄されるのではなく、再構築されるべきだとの見解もある。[11]

このように、宗教というと、政教分離に則る現代日本に暮らす多くの国民にとっては、必ずしもなじみ深いものではないかもしれないが、前近代の寺社は、公家・武家とともに政治を動かした巨大な勢力であり、宗教は社会にも広く根づいているなど、その存在感は計り知れないものがあった。

いずれにせよ、現在の中世宗教史研究は、非常に精緻に進んでおり、本書はその基礎的なごく一部をすくい取ったものにすぎない。本書に掲載した書誌情報を含め、ぜひ専門家の手になる一般書などをあたってみてほしい。

11 松尾剛次『鎌倉新仏教の成立―入門儀礼と祖師神話』（吉川弘文館、一九八八年）、同『鎌倉新仏教の誕生―勧進・穢れ・破戒の中世』（講談社現代新書、一九九五年）

第六章　生業と身分――非農業的世界から見えてくる豊かな日本史

東大の入試問題から見えるもの

前章までは、朝廷（公家）・幕府（武家）・寺社（寺家《じけ》・社家《しゃけ》）といった中世日本の支配者層に注目し、権力者（支配者）側の多元的姿を眺めてきた。

他方、それらを支えた被支配者層も当然存在したわけで、これまでの研究によって彼ら・彼女らもまたじつに多彩な生業《せいぎょう》（職業）を営んでいたことがわかっている。本章では、この中世国家を下から支えた人びと（庶民）に着目して列島社会を見つめることで、中世社会の多様性（「いくつもの日本」）を再確認し、これまでの議論（第四章・第五章）を補完していきたい。

ここで、中世（前近代）の被支配者というと、すぐさま「百姓＝農民」の存在が想起されるのではないだろうか。一般的には、日本は古来より一貫して農業（稲作・水稲耕作）を基本とする国家であり、「百姓＝農民」たちは当然のごとく「年貢＝米」を納めていたイメージが強いと思

畿内

国名	米	油	絹	麻	綿
山城	17	6		1	
大和	27	7	2		
河内	8	1			
和泉	2	1	1		1
摂津	13	2		1	

九州地方

国名	米	油	絹	麻	綿
筑前	13				
筑後	6		3		1
豊前	1				
豊後	3				
肥前	4				
肥後	7		4		
日向	1				
大隅	1				
薩摩	3				

関東地方

国名	米	油	絹	麻	綿
相模				3	
武蔵			2	2	
上総	1	1		4	3
下総			1	1	1
常陸		1	5	1	2
上野				1	
下野			3	2	

われる。そのため、被支配層は本当に多様なのかと疑問に感じるかもしれない。

そこで、上の表をご覧いただきたい。平成二十二年（二〇一〇）度、東京大学の入試問題（日本史）として出題された問題文に、参考のために付けられた表である。

表の説明には、「平安末～鎌倉時代における荘園・公領（土地）の年貢がどのような物品で納められていたかを、畿内・関東・九州地方について集計したもの」とあり、「数字は年貢品目の判明した荘園・公領数」で、「主要な五品目（米・油・絹・麻・綿）のみを掲げ、件数の少ないその他の品目は省略した」とある。そのうえで問題文は、そこからはどのような地域的特色が認められるか、読み取れるところを記述するように求めている。

筆者は当時、とある大学受験予備校でアルバイトをしていたため、この問題の存在を知ることができた。同表を見ると、まず、九州地方（西国）の年貢は米が圧倒的に多く、絹や綿もあるが少数であることがわかる。次に、畿内（近畿地方）の年貢は米がかなり多いものの、油も少なくなく、絹・麻・綿もある。他方、関東地方（東国）の年貢は、米がむしろ少数派で、絹・麻・綿が非常に多く、油もあるという結果となっている。

つまり、**年貢は米一辺倒ではなく、東国ではむしろ繊維製品が中心というように、地域的特色が強かった**ことがよくわかる。

この表には、「網野善彦《あみのよしひこ》『日本中世の百姓と職能民』より作成」と出典が書かれている。そこで、同書（平凡社選書、一九九八年）をひもといてみると、オリジナルの表（「諸国荘園年貢表」）に掲載された国々は全国に及び、省略された品目は、紙・鉄・塩・漆《うるし》・馬など多数あった。そして年貢を米で納める地域は、総じて西国（西日本）に大きく偏っており（とくに九州地方は傑出している）、東国（東日本）は圧倒的に年貢を繊維製品で納めていたと記されている。

このほか、陸奥《むつ》国の金、出羽《でわ》国の馬、中国地方山間部の鉄、瀬戸内海沿岸部の塩など、地域的特色がかなり細かく表記されていて興味は尽きない。詳しくは同書の第一部「百姓」の章をお読みいただきたい。なお、同書はその後に平凡社ライブラリー版（二〇〇三年）が上梓《じょうし》され、網野自身によって表が増補されていることを付記しておく。

「瑞穂国幻想」を作り出した研究者と明治政府

このように、全国で一様に「年貢＝米」を納めていたというのは思い込みにすぎず、地域的特色が強かったわけである。それどころか、そもそも日本は古来より一貫して農業（稲作・水稲耕作）を旨とする国家であることや、「百姓＝農民」だという認識（常識）にすら、網野はメスを入れていった。網野の主張を、その後の著書『「日本」とは何か』から具体的に追いかけてみよう。[1]

まず網野は通説に対して次のように述べている。

従来の研究者は前近代社会を基本的に農業社会と捉え、百姓は農民（あるいはその大部分は農民）と見て社会の構成を考えてきたことは否定し難く、それは現在にいたるまで歴史教育に決定的な影響を与え続け、「瑞穂国《みずほのくに》日本」（瑞穂国とは瑞々しい稲穂の実る国、日本の美称）のイメージ

1　前掲網野善彦『「日本」とは何か』。とくに第四章「「瑞穂国日本」の虚像」に注目。

網野善彦（1928-2004。朝日新聞社提供）

を日本人自身に植えつけた、と。

具体的には、例えば、弥生文化とともに稲作が本格的に列島に流入すると、社会は水田中心の農耕社会となり、七〜八世紀にはそれを前提に班田《はんでん》収授《しゅうじゅ》の制度によって水田を与えられた班田農民を基礎とする律令国家が成立し、そして水田の開発が進展して形成されてくる荘園は、有力農民（名主《みょうしゅ》）の経営する名《みょう》によって構成され、名主は年貢米を負担した。

やがて自治的な農村が発展するが、江戸期に入ると、「士農工商」の身分制度が形成され、全人口の約八〇パーセントを占める農民は、耕地を持って年貢を納める本《ほん》百姓と、耕地を持たない貧しい水呑《みずのみ》百姓に分かれ、年貢は収穫の四〇〜五〇パーセントを米で納めたという話である。

そして、明治政府の職業別人口統計（壬申《じんしん》戸籍。明治五年（一八七二）に編成された最初の全国的な戸籍）も「農」七八パーセント、「工」四パーセント、「商」七パーセント、「雑業」九パーセント、「雇人《やといにん》」二パーセントとなっており、そうした政府の公式見解・統計・数字も我われの常識を裏づけてきたとしている。

「百姓＝農民ではない」という強いメッセージ

これに対して、網野は同書で以下のような痛烈な批判を行った。

まず、愛媛県の二神島《ふたがみじま》（瀬戸内海に浮かぶ忽那《くつな》諸島のなかの一島）の人びとは、「壬申戸籍」によれば、一〇〇パーセントが「農」（農民）となるが、実際には海での生業（漁労・交易・商業・運輸など）を基本としていたのであり、網野はそこに「壬申戸籍」の虚構性を読み取った。

同様の結論を、自身の出身県たる山梨県についての分析からも引き出している。明治七年（一八七四）に当時の山梨県令が、「壬申戸籍」をもとに内務卿の大久保利通《としみち》に宛てて作成した集計表によると、同県の「農」の比率が全国平均より高く、九〇パーセント近くになるという。本来は盆地と山からなる「山国」のはずだが、高度な農業県とされていたのである（『「日本」とは何か』）。

網野はこのように、近代の職業別人口統計がその実態と乖離《かいり》していたことを明らかにし、そこからさかのぼって前近代（近世・中世・古代）の様相についても鋭くメスを入れていくのである。すなわち、「百姓は農民」という、現在もほとんど誰ひとりとして疑っていない常識は、はたして本当なのか。**「日本は農業社会」という常識も真実なのか**、と。

そこで、長い間、高校の日本史教科書に掲載され、江戸時代を農業社会とする根拠のひとつとなっていた近世秋田藩の「身分別人口構成」の表に着目した。同表によると、「農民」が七六・四パーセントとされていたが、その典拠となった関山直太郎《せきやまなおたろう》『近世日本の人口構造』（吉川弘文館、一九五八年）を確認した結果、「農民」ではなく「百姓」と表記されていた事実を突きとめた（現行の教科書では「百姓」となっている）。

このことから網野は、従来から教科書が、「百姓＝農民」であるということをまったく疑問の余地のない前提として編纂《へんさん》されていたと指摘。そのうえで、教科書にとどまらず、前近代史の研究において基準となるような仕事をした研究者の著書においてすら、「百姓＝農民」という定式化がほとんど自明の前提として存在したことに、厳しい批判を加えている。

網野はさらに続ける。そもそも「百姓」の漢字に、本来、「農」の意味は含まれていないのではないか、と。漢和辞典で「百姓」は、「多くの役人」「多くの民」「庶民」「人民」と解されており、これに「農」を読み取ってしまうのは、日本の解釈にすぎないという（中国・韓国では「百姓」は一般人を意味する）。例えば、正徳《しょうとく》二年（一七一二）に成立した日本の百科事典『和漢三才《わかんさんさい》図会《ずえ》』の「農人」の項目を見ると、俗に百姓というが、百姓は「四民」＝一般人民の通称であり、「農をもって百姓となすは非なり」と明言しているという。

事実、「壬申戸籍」の「農」の実態が農民ではなかったように、近世までの「百姓」とは農民だけではなく、多種多様な生業を営む人びとが含まれていたわけで、ここから網野を代表する**「百姓＝農民」ではない**という、非常に重要なテーゼが引き出されるにいたるのである。

中世の農業の比重は四割だった⁉

そして網野がこの問題を意識したのは、能登《のと》半島で八百年も続く旧家として知られる時国家《ときくにけ》（石川県輪島市）の調査をした時であったと振り返る。これまで近世豪農の典型とされていた時国家が、江戸初期に蝦夷《えぞ》・京都・大坂などを股にかけた日本海交易（廻船《かいせん》交易）を行い、塩業なども手広く手掛けていたこと、そして、海運・製塩・金融など多様な生業を営むこれらの人びとが、当時「百姓」とされていたこと、などを突きとめたのである（『「日本」とは何か』）。

そこから、百姓が農民とは必ずしもイコールの存在ではなく、様々な生業に従事する人びとを意味する概念であったことを見いだした。「百姓＝農民」としてしまうと、かかる人びとまでもが「農民」と誤認されてしまう。そのような間違った歴史認識に対して警鐘を鳴らしたのだ。

そのうえで、能登国（時国家）や伊予《いよ》国（二神島）などのケースは例外ではないとして、潟《かた》や海の埋立てといった土地の開墾・開発の進んだ近世後期（十八世紀）以降はともかく、それ以前の列島社会は、海はもちろん、大小の湖、潟、河川、そして六〇パーセントを占める山地に依存していたことは間違いないとした。網野はこの状況を、「農業社会」とみること自体極めて不適切とし、**近世の生業としての「農業」は約四〇パーセント台**と結論し、これは中世・古代にさかのぼっても同様であると見通した。

この見通しを裏づけるのが、古代の各地域からの貢納物であり（例えば、志摩《しま》国は鮑《あわび》などの海産物を納めている）、中世では、本章の冒頭で見た各国荘園・公領からの多種多様な品目の年貢であった。網野は、中世の諸国荘園の年貢のなかで、米年貢を全国でも三八パーセントと算出しており、米年貢を貢納する荘園がほとんどない東国諸国では、水田の比重がかなり低かったのではないか、と述べている（『「日本」とは何か』）。

実態から乖離した要因は何か?

網野は以上の主張を踏まえ、以下のように結論する。

古代・中世・近世を通じて、少なくとも公的な制度のうえでは、「百姓」は文字どおり「ふつうの人」であり、実態に即してみても、様々な生業を営む人びとを多く含み、農業の比重も決して圧倒的ではなかった、と。「「百姓＝農民」という思いこみ」「「日本は農業社会」という常識」に対する批判である。

そのうえで、以下のように問う。

「にもかかわらず、なぜ現在の日本では、百姓を農民と解するのが「常識」として通用しているのか」と。常識が形成された背景まで問うたのだった。

この問いに対する網野の答えは、以下のとおりである。

すなわち、その出発点は「日本国の成立」そのものにさかのぼる、と。つまり、瑞穂国を理想とする農本主義の立場に立つこの国は、律令体制の重要な政策として七~八世紀に水田を六歳以上の全人民に与え、すべての人びとを租税負担にたえる「班田農民」にするという、強烈な国家意思を貫徹しようとした。しかし、そもそも水田自体が不足しており、この制度は列島社会の実態から著しく遊離していたため、百年もしないうちにその無理が明らかとなり、弛緩《しかん》し変質していった(農民の浮浪・逃亡、班田収授の困難化)。以後、中世においても水田を課税対象とする体制は維持され、荘園公領制にまで受け継がれるも、基本的には先にも触れたように、米を主に生産しないエリアは、それぞれの地域の産物を貢納するなど「実態」が優先された。

ところが、近世の土地・租税制度には、貨幣としての米を価値基準とする課税方式=石高《こくだか》制が基本的に採用され、建て前としての農本主義が貫徹されていく。その結果、理念とされた農本主義(思想)は、伊藤東涯《とうがい》(一六七〇~一七三六)といった江戸期の儒学者などの言説をとおして社会に広く浸透し、百姓と農民は同じであるとの見方が、通俗の常識として根強く定着していったのではないか、と見通している。

そのようにして、以後「百姓＝農民」は日本人の常識となり、結果、実態として「百姓」のなかに六〇パーセントほど含まれていた農業以外の多様な生業に携わる人びとについての研究は、ほとんど空白のままとなってしまった。

かくして、「瑞穂国日本」のような偏った日本社会像が、現在まで歴史の「実像」として世の前面に押し出されつづけてきた。「虚像」の部分の実態を明らかにすることで、その偏りを修正し、より正確な日本列島の社会像を描きなおしていくことが、これからの喫緊《きっきん》の課題と提起されるにいたるのである。

中世の絵画史料に描かれた多元的な非農業的世界

以上、網野善彦の「「百姓＝農民」ではない」という有名なテーゼについて眺めてきた。百姓とは（その名のとおり）あらゆる姓を有する万民、多様な生業を営む人びとのことである（そこには農民も含まれる）。例えば、農業以外の生業を営む人びと、海民や山民、樹木に関わりを持つ人びと、商人、工人などであり、より正確・端的にいうならば、百姓とは「身分」のことで、農民とは「職業」「生業」のことである。このうち網野は、農業以外の生業（「非農業的生業」）

について注目する。

この「非農業的生業」を営む人びとには、種々の職能を持ち、高度な技術によって諸々の特権を認められた職能民（職人）たちがいる。その様相は、中世に流行した「歌合《うたあわせ》」の一種である「職人歌合」に詳しい。

「職人歌合」とは、和歌の詠者が左右に分かれ、それぞれが自らを職人に仮託して、題材に沿って詠んだ和歌とその判詞《はんし》（作品の優劣を批評）が収められているものである。そこには姿絵も描かれていることから、「非農業的生業」を営む人びとの具体的な姿を見ることができる。中世に成立したものとしては、『東北院《とうほくいん》職人歌合』『鶴岡放生会《つるがおかほうじょうえ》職人歌合』『三十二番職人歌合』『七十一番職人歌合』などがある。

そのうち、明応《めいおう》九年（一五〇〇）頃に成立されたと伝わる『七十一番職人歌合』を見ると、七十一番（一四二職種）の生業が活写されている。

例えば、餅《もち》・扇・帯・白物《しろもの》（おしろい）・魚・挽入《ひきいれ》（轆轤《ろくろ》で木を挽《ひ》いて作った細工物）・米・豆・豆腐・索麺《そうめん》・麹《こうじ》・灯心《とうじみ》（油皿に使う火種の芯）・畳紙《たとうがみ》（結髪の道具や衣類などを包むための紙）・白布《しろぬの》・綿・薫物《たきもの》（粉末状の香《こう》）・心太《こころぶと》（ところてん）などの商売。

また、紺掻《こうかき》（藍を染料として用いた染物）・機織《はたおり》・酒作《さかづくり》・小原女《おはらめ》（京都大原《おおはら》産の炭や薪《まき》を売る女性）・紅粉解《べにとき》（紅やおしろいの化粧品）・縫物師《ぬいものし》（裁縫や刺しゅうを業とする）・組師（組紐《くみひも》を扱う職

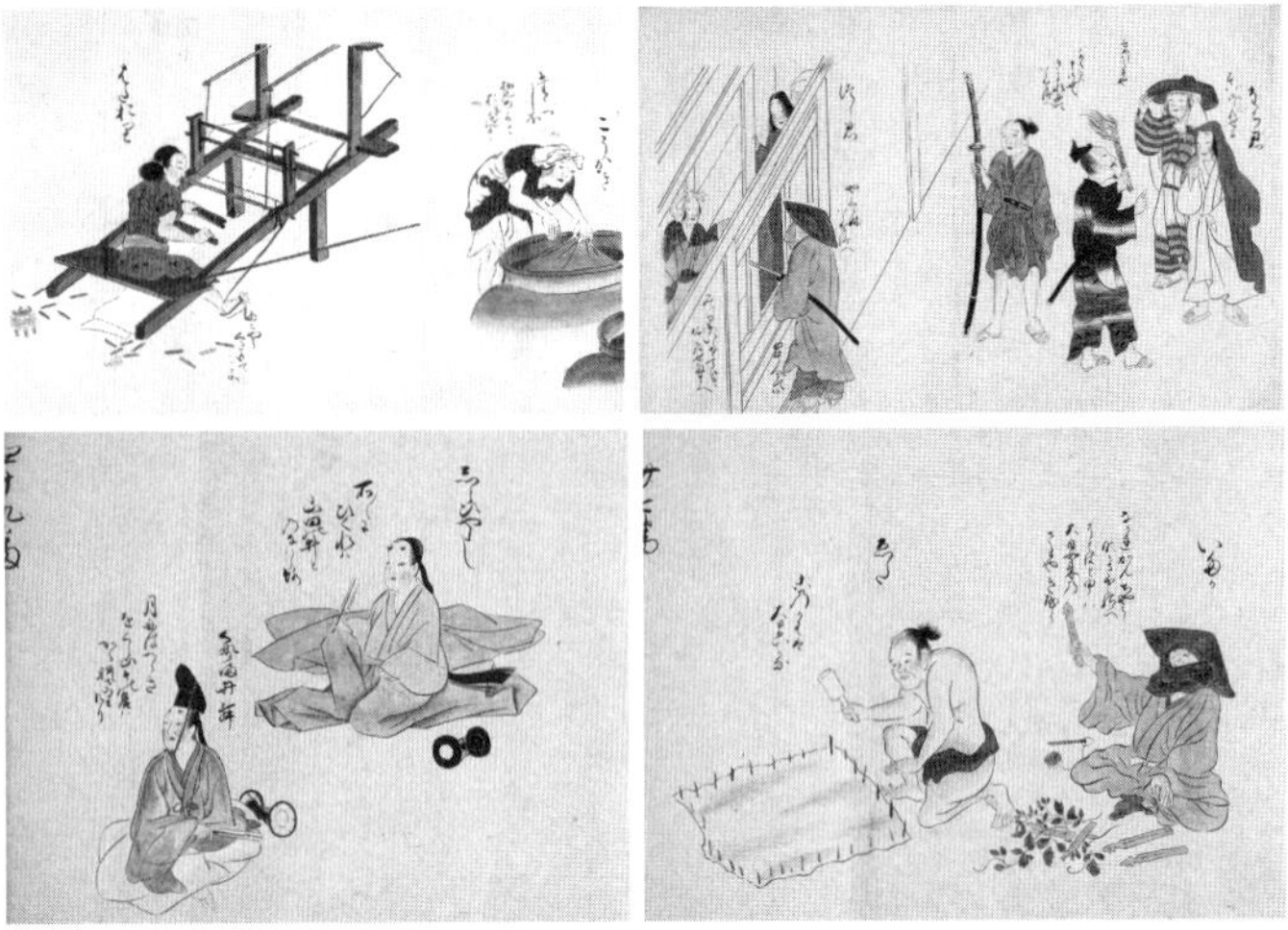

左上から時計回りに、「紺掻（右）・機織（左）」「立君（右）・辻子君（左）」「いたか（右）・穢多（左）」「白拍子（右）・曲舞々（左）」（『七十一番職人歌合』より。山梨県立博物館蔵）

人）・摺師《すりし》（色料を付着させた版を使って紙に摺る職人）といった仕事。

そのほか、女盲（盲目の女性芸能者）・立君《たちぎみ》（路上で客をひく娼婦）・辻子君《ずしぎみ》（道筋にできた遊女街の娼婦）・白拍子《しらびょうし》（歌舞を演じる芸能者）・曲舞々《くせまいまい》（踊りの芸能者）・持者《じしゃ》（経典を読《どく》誦《じゅ》する私的に出家した尼僧。男性が女装しているとも）・巫《かんなぎ》（巫女《みこ》）・比丘尼《びくに》（廻国する尼僧）・尼衆《にしゅう》（女性の僧）などの、**女性または女性と思われる性別が関係する職業**が複数見えている。

女性の数は、じつに百四十二種中の三十五種（全体の約二五パーセント）にも及んでおり、中世の列島社会が、様々な生業によって支えられていたこと、女性が社会的に活動していたことは注目される。

とりわけ、上記の生業のなかでも、機織については養蚕《ようさん》業・製糸業が女性の仕事であり、それが近代の製糸工場の女工たちの話にまでつながり、輸出産業の花形（外貨獲得の手段）となっていくのは興味深い。[2]

「蚕糸《さんし》王国」の長野県が、県歌「信濃《しなの》の国」で「しかのみならず桑とりて、蚕飼《こが》いの業の打ちひらけ、細きよすがも軽《かろ》からぬ、国の命を繋《つな》ぐなり」と謳《うた》うほど、養蚕業・製糸業、そして女性たちの存在は県・国レベルでも貴重なものであった。それゆえ近代（明治初期）に入ってから宮中で養蚕が行われ（宮中養蚕）、その中心となった昭憲《しょうけん》皇太后（明治天皇の皇后）は「申すまでもなきことながら、生糸は御国産中《ちゅうその》其最も重なるものなれば」と強調している（『東京農工大学科学博物館所蔵文書』）。

他方、『職人歌合』には、立君・辻子君（遊女・傀儡女《くぐつめ》）や白拍子など、次第に卑賤《ひせん》視・特別視されていく女性の姿も見られ、同様にまた、穢多《えた》（皮なめし職人）や覆面《ふくめん》姿のいたか（乞食僧《こつじきそう》）といった男性の被差別民の姿が見えていることも注目される。中世の身分・差別の問題を、リアルに考えていくうえでも、『職人歌合』などの絵画史料の存在は欠かせないといえるだろう。[3]

2　前掲網野善彦『「日本」とは何か』
3　岩崎佳枝『職人歌合―中世の職人群像』（平凡社選書、一九八七年）、網野善彦『職人歌合』（岩波セミナーブックス、一九九二年）

『もののけ姫』との素晴らしき出会い

ここで注目したいのが、宮崎駿監督の長編アニメーション映画『もののけ姫』（スタジオジブリ、一九九七年）である。

同映画は、網野善彦の歴史学から様々な影響を受けて創作されており、時代は中世（室町期頃）、場所は日本であった。そして、舞台となった西国（中国地方〔奥出雲《おくいずも》〕の山間部か）にある「たたら場」（製鉄所）には、都市的な空間が広がり、そこではエボシ御前《ごぜん》という女性リーダーのもと、製鉄民・牛飼《うしかい》（鉄を運び米に換える）・女性たち（人身売買された者も含む。女人禁制のはずのたたら場で踏鞴《たたら》を踏んでいる）・覆面姿のハンセン病患者・石火矢《いしびや》衆（石火矢で武装した傭兵集団）らが暮らしている。このほか、ジコ坊など異形の者たちも登場する。

映画の公開を受けて網野は、同映画のパンフレットで「この映画を作られた宮崎さんは、歴史や民俗を非常に良く勉強しておられるなと思いました。細かい設定に即してもとても良く考えられていて、われわれがこれから歴史を勉強していくうえでのヒントがいろいろと示唆されていると思いました」とまずコメントする。

そして、たたら場の頭領・エボシ御前は、「衣装からすると白拍子、遊女だと思いますが、宮崎さんは金屋子神《かなやごがみ》という製鉄や鉄器を扱う人たちの神様が女性であることを意識されてこのエボシを設定されたのではないか」と述べている。

また、たたら場には、世俗の世界で賤《いや》しめられ疎外・抑圧された人びとが活き活きと描かれているとも述べる。それは、たたら場で覆面をして鉄砲を作る人びとのことである。彼らは、当時の社会の一部から「業《ごう》」を背負い、「穢れ」「悪」と関わりある人びととらえられており、「宮崎さんはそうした人たちと僧侶の姿をして鉄砲を持つ「悪党」ともいうべき集団（映画では石火矢衆）を結び付け、「穢れ」「悪」をむしろプラスの強い力として描かれて」いると解説している。[4]

さらに、牛飼（牛飼童《うしかいわらわ》・牛童《うしわらわ》）についても、成人で、髭《ひげ》を生やしているにもかかわらず、烏帽《えぼ》子《し》をかぶることなく、ポニーテールのような髪形（垂髪《すいはつ》）をした童姿であったと述べ、「異形」のひとつとして紹介している。[5]ジコ坊やジバシリ（山の民）などの姿も「異形」そのものである。

そして、網野と宮崎駿は対談のおり、次のように語り合っている。[6]

4　網野善彦『歴史と出会う』（洋泉社新書y、二〇〇〇年）

5　網野善彦『異形の王権』（平凡社イメージリーディング叢書、一九八六年）、同『「忘れられた日本人」を読む』（岩波セミナーブックス、二〇〇三年）

6　前掲網野善彦『歴史と出会う』

網野　「いわゆる時代劇の常連の武士や農民はほとんど出てこないのが目につきますね」
宮崎　「それに代わって「タタラ者」と呼ばれる製鉄民が出てきたり」
「時代劇といえば、いつも侍と農民あるいは町人だけで、それが歴史をつまらなくしているというか、自分たちの国を面白くなくしているんじゃないかという思いがありまして」
「スタッフの中には「これは日本じゃない」とかいうヤツがいたりしたんですけどね（笑）」

農業以外の世界、すなわち「非農業的世界」に着目した結果、そこに、知られざる「もうひとつの日本」が浮かびあがってきたわけで、スタッフの違和感・戦慄《せんりつ》はじつに率直な感想といえる。さらに、「非農業的世界」（「百姓＝農民」ではない）について、以下のように対話をまとめている。

網野　「百姓の中にはいろいろな生業の人がいた。博奕打《ばくちう》ち[7]もいたんです。百姓は農民の意味ではないですからね」
宮崎　「百姓というのはもっと広義の意味で、そこにはありとあらゆる職業を含んでいるわけですね」

網野「ええ。百姓の中には商人や職人などいろいろな生業の人がいて、農業は、その中のひとつなのです」

網野は「非農業的世界」に注目することで、従来の農業的世界からだけでは見えにくかった多彩でカオスな中世の姿をリアルによみがえらせ、日本史を豊かなものにした。

それは、『もののけ姫』の舞台世界に設定されるほどであり、宮崎の言葉を借りれば、「面白い」のだ。事実、網野が提示した中世史像のインパクトは、当時すでに〝中世ブーム〟となって読書人たちのあいだに広がっていた。そうしたブームは『もののけ姫』の大ヒットと合わさることで、学生など普段日本史に興味を持つことのない層にまで拡大し、網野自身を驚かせたという。そしていまや、『もののけ姫』は日本中世史への入り口ともなっている。

網野と同映画が、学界のみならず社会に与えた影響は計り知れないといえよう。まさに、歴史学の成果とアニメ・マンガの持つ力の〝素晴らしき出会い〟といえるであろう。

7 「博奕」と「職人」の関係については、網野善彦「博奕」(網野善彦・石井進・笠松宏至・勝俣鎮夫『中世の罪と罰』東京大学出版会、一九八三年)を参照されたい。

「非農業的世界」論への批判と、そのゆくえ

他方、網野の「非農業的世界」論には批判もある。

ひとつは、「非農業的世界」があることは承知したとしても、やはり「農業的世界」(農業・農民)が基軸であったことは動かないのではないか、というものである。たしかに、網野自身も、「百姓」のうち約四〇パーセントが農業的世界であると想定していたし、『もののけ姫』の世界でも鉄と米の交換が描かれていた。事実、この点、網野本人の認識も少なからず揺れていたらしい。[8]

もうひとつは、いわゆる「複合生業(生業複合)」論からの批判である。すなわち、当時の人びとの暮らしは少なからず専業ではなく、複数の生業から成り立っており(兼業しており)、副次的生業なども存在した以上、「農業―非農業」は截然《せつぜん》と弁別できるのか、というものだ。[9]

例えば、「複合生業」論を展開する民俗学者の安室知(一九五九〜)は、農耕・漁労・狩猟・採集・諸職《しょしょく》・商工が選択的に組み合わされる場合や、水田稲作が中心であったとしても、同時に麦の畑作や豆の栽培、水田を利用した漁労(ドジョウ)・養魚(コイ)・採集(イナゴ・タニシ)などが行われることも現実にあるとして、「農業―非農業」という二項対立的な図式そのものを批判

している。

こうした議論に関しては、網野自身も発言している。すなわち、「非農業民」といっても、その実態は多種多様であるだけでなく、農業にも関係がないわけでもない。それどころか、何らかの形で農業に関わりを持たない「非農業民」はおらず、また逆に、農業民の場合でも田畠のみに携わっていたわけでなく、様々な「非農業的生業」にも従事していたわけで、「非農業民という言葉を使うことが不正確であるなら、もはや農民という用語自体も、きわめて不適切」と切り返した。そのうえで、主たる生業などから、「農業民」と「非農業民」の区別は可能であると反論している[10]。

いずれにせよ、日本は農業（水田）一辺倒ではなく、畠作や雑穀栽培、山村での暮らしなど、多様な生業があり、それは現在も然《しか》りである[11]。同時に、「非農業民」のなかには卑賤視された人

8 桜井英治「解説」（『網野善彦著作集』七、岩波書店、二〇〇八年）。なお、非農業民・百姓・平民・職能民・職人などといった言葉や定義をめぐる網野の問題については、白水智「非農業民と網野史学」（『神奈川大学評論』五三、二〇〇六年）、桜井英治「非農業民と中世経済の理解」（『年報中世史研究』三二、二〇〇七年）なども参照されたい。

9 盛本昌広「解説」（『網野善彦著作集』九、岩波書店、二〇〇八年）。なお、「複合生業論」については安室知『日本民俗生業論』（慶友社、二〇一二年）、春田直紀『日本中世生業史論』（岩波書店、二〇一八年）なども参照されたい。

10 網野善彦「非農業民について」（同『日本中世の非農業民と天皇』岩波書店、一九八四年）

11 例えば、畠作や雑穀栽培に注目する木村茂光『ハタケと日本人──もう一つの農耕文化』（中公新書、一九九六年）、山村に着目する白水智『知られざる日本──山村の語る歴史世界』（ＮＨＫブックス、二〇〇五年）などがある。

びともいて、身分・差別の問題も過去の話ではない。この問題に光を当てつづけた網野の功績は、あまりにも大きいといわねばならない。

以上、本章では網野善彦の議論に注目することで、中世社会を支えた人びと（被支配層）の多彩な姿を紹介した。先に第四章・第五章で見た公家・武家・寺社などといった中世国家を動かした側（支配層）の多元性と併せて、中世がいかに多様な勢力・階層・ジェンダー（社会的・文化的な性差）から成り立っていたのか、読者の方々も、ここで紹介した優れた著作などからあらためて確認してほしい。

III部

多様な列島社会を「統合」するものは何か？

第七章　分裂と統合——両者の共存は可能なのか？

戦前の方言をめぐる論争に隠された「ふたつの旋律」

第一部では東西・南北・内外という「場」から、第二部では公武・寺社・庶民という「人」から、「いくつもの日本」像、とりわけ「いくつもの中世」像を眺めてきた。

これらはすべて、「日本・日本人」を無条件に「一体・単一」とする見方や常識を批判し、その多様・多元なる姿を明らかにするものであった。このような列島およびそこに生きた人びとの実態を具体的に解明していく学問研究は、今後も継続されるべき重要な作業といえるだろう。

その一方で、「列島の多様性」を深めていく方向と同時並行的に、そうした「いくつもの地域・人びと」が、まがりなりにも「ひとつの日本」たりえてきたというのもまた事実であり、だからこそ、「日本の統一性」を考えていくことも忘れてはならないはずである。本書の序章で見た中世史家の石井進《いしいすすむ》（一九三一〜二〇〇一）の言葉でいえば、この国に流れる「分裂・統合」という**「ふたつの旋律」**の存在である。

この「ふたつの旋律」をめぐっては、見逃せない重要な論争がある。それは、「方言」に関する戦前期の議論である。本章ではまず、この「方言論争」を素材に日本における分裂と統合をめぐる議論がどのようになされてきたのか、その様相を眺めたいと思う。具体的には日本の方言研究の土台を築いた国語学者の東条《とうじょう》操《みさお》（一八八四〜一九六六）の「方言区画論」と日本民俗学の開拓者である柳《やなぎ》田《た》國《くに》男《お》（一八七五〜一九六二）の「方言周圏論」の対立である。

ここで方言論争を扱うのは、両者の見解の相違が単に方言のみにとどまらず、日本をめぐる議論におけるひとつの「型」（パターン）として、現在も地下水脈のごとく歴史学・民俗学などの各方面に影響を与えているためである。

具体的には、**「列島の多様性」につながっていく議論**（東条の「方言区画論」）と、**「日本の統一性」につながっていく議論**（柳田の「方言周圏論」）ということになる。そして、このふたつの見解・旋律（「列島の多様性」と「日本の統一性」）のうち、歴史学・民俗学の研究上どちらにより関心が集まるかは、時代状況によって変動してきた。

すなわち、直近で東条的な「分裂・多様面」（「いくつもの日本」）に注目が集まっていたのが一九八〇〜九〇年代頃で、その後、二十一世紀に入る頃からは柳田的な「統合・統一面」（「ひとつの日本」）に焦点が移りつつある。

かかる潮流の変化をとおして、これからの中世史研究のなかで求められているものは何なのかを探っていくことで、その回答となるべき第八章・第九章へと話をつなげていきたいと思う。

地域ごとに言葉が異なる――「方言区画論」

はじめに、「方言区画論」と「方言周圏論」による方言に関する論争を素材に、民俗学の赤坂憲雄[1]（一九五三〜）や安室知[2]（一九五九〜）ら優れた先達の成果に導かれながら、「いくつもの日本」と「ひとつの日本」をめぐる議論を紹介しよう。

まず「方言区画論」であるが、この学説は昭和二年（一九二七）に刊行された東条操『国語の方言区画』（育英書院）に詳しい。東条は、方言は放任すると分裂的傾向を示し、国民の意思疎通に不都合が生じてしまうため、それを防ぐには標準語の確立が必要と述べる。かくして、標準語普及のために方言を研究することが宣言される。

そして東条は、人為や自然などによって、日本の方言は大きく五つに分かれると結論する。東から**①本州東部方言**、**②本州中部方言**、**③本州西部方言**、**④九州方言**、**⑤琉球方言**である[3]（次ページの表参照）。そして、日本の国語史は東西両方言の闘争史であったと総括している。

以後も「方言区画論」は深化していくが、ここではこれ以上は立ち入らない。確認すべき重要

な点は、「方言区画論」が地域ブロックごとに言葉は異なること（多様であること）を示した点で

1 前掲赤坂憲雄『東西／南北考―いくつもの日本へ』、同『一国民俗学を越えて』（五柳書院、二〇〇二年）

2 安室知「蝸牛と魚―周圏論の図化をめぐって、柳田国男と渋沢敬三」（『日本民俗学』二八八、二〇一六年）、同「柳田国男が描く日本地図―消される北海道、揺れる沖縄」（『歴史と民俗』三四、平凡社、二〇一八年）

3 ただし、北海道は対象外とされる。その後、戦後に刊行された東条操編『日本方言学』（吉川弘文館、一九五四年）では、琉球語（琉球方言）のほかに、本土方言としての①北海道も含めた東部方言、②西部方言、③九州方言の三方言区画となっている。

東条操による方言分類

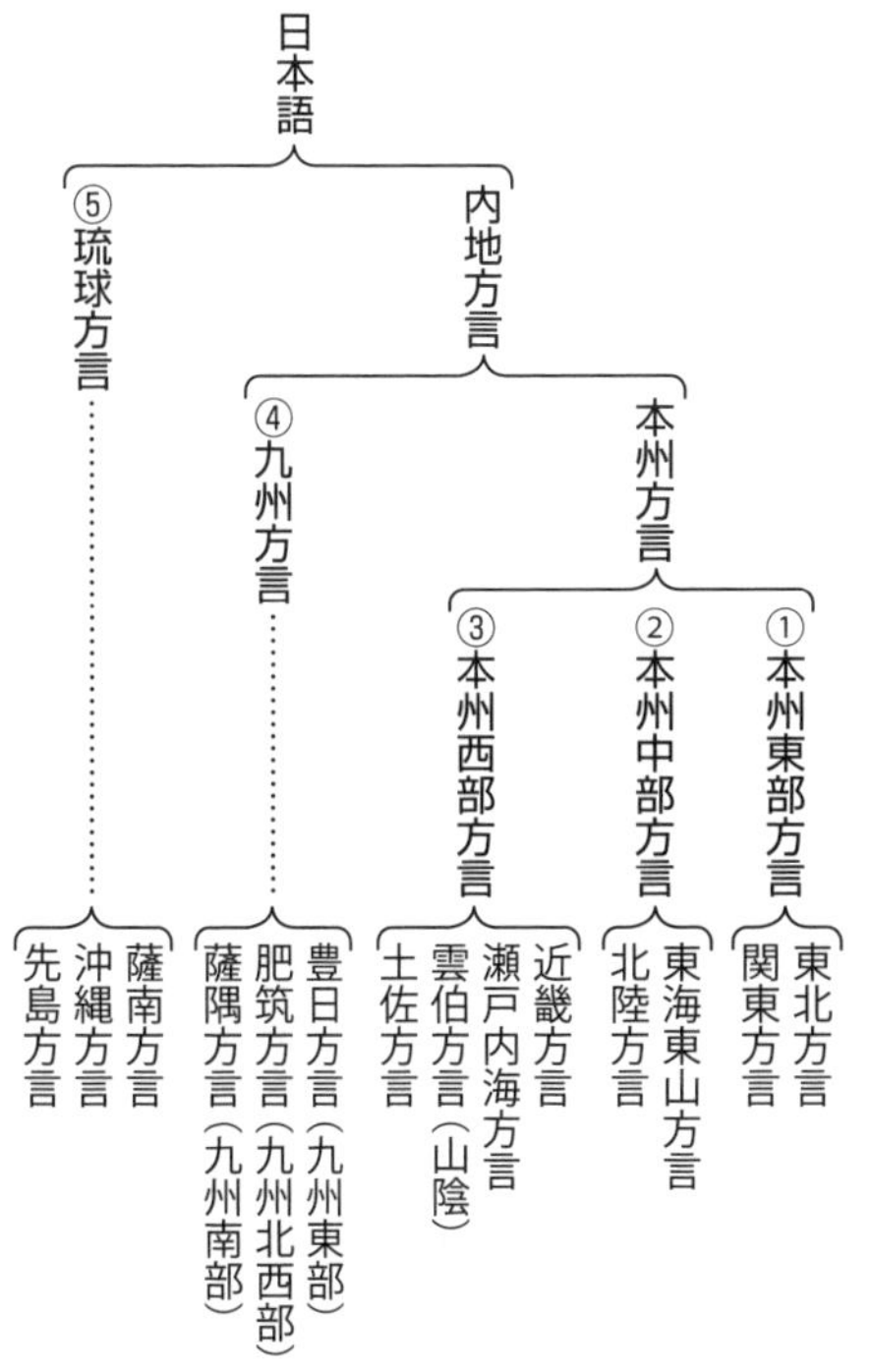

＊東条操『国語の方言区画』（育英書院、1927年）を元に作成

ある。他方、東条は標準語の必要性についても強く意識しており（「方言矯正」とまで言いきっている）、現代の感覚からすると方言をマイナスとみる点でやや違和感を覚える部分もある。

ただ、例えば東条の『国語の方言区画』の上梓《じょうし》からさかのぼることわずか数年、大正十二年（一九二三）の関東大震災では、流言飛語などで多くの朝鮮人らが殺害されたのみならず、日本人も方言の違いなどにより殺された「福田村事件」（現在の千葉県野田市）が起きている。香川県から千葉県へ薬の行商に訪れていた人びとが、方言を解せない地元の村の自警団によって襲撃され殺害されたのである。こうして見ると、当時、標準語を浸透させていくということは、切実な問題であったと思わざるをえない。

地方に行くほど古い方言が残る——「方言周圏論」

続いて「方言周圏論」であるが、それは提唱者である柳田國男の『蝸牛考《かぎゅうこう》』に詳しい。[4] 柳田は、東条の「方言区画論」を高く評価しつつも鋭く批判し、隣村であっても言葉の異なる場合が少なくない以上、全国を隈なく調査し、そのうえで、それらを帰納して理論を打ち出す必要があるとする。

そこで量・質などの点から題材に選ばれたのが、全国各地の「蝸牛」の呼び方である。そして膨大なデータの比較と総合から、柳田は「南北の一致」、つまり東北と西南の言葉（方言）が似ているという事実に注目するのである。[5]

結論として柳田は、蝸牛の呼び方が中央（京都）からの距離によって、①デデムシ系、②マイマイ系、③カタツムリ系、④ツブリ系、⑤ナメクジ系と、五層の同心円的分布（方言周圏図）が描けるとした（次ページの表参照。その後の改訂版では、その外周にある⑥ミナ系も含め六層とした）。つまり、中心部分から新しい方言が生まれ、周縁領域には古い方言が残るとして、蝸牛でいえば、①デデムシ系が新しく、⑥ミナ系が古いとした。

総じて方言とは、一国語の地方差（新旧の差）にすぎず、いくつもの言語（方言以上の何か）があったわけではないとして、柳田は「方言区画論」を斥《しりぞ》けた。他方、国語の統一の必要性や、北海道が対象外とされている点などは、東条と軌を一にしている。

柳田の「方言周圏論」は、戦後まもなくの「赤とんぼの話」[6]にてひとまず完成したとされる。[7]

4　柳田国男『蝸牛考』（刀江書院、一九三〇年）。その後、昭和十八年（一九四三）に創元社から改訂版が上梓された。
5　このこと自体は東条も気づいており、「南北両極の地方の方言の間に、多くの類似があると云ふ事はまことに見免すべからざる謎語であって、学者の解決すべき興味ある好題目である」と述べている（『国語の方言区画』）。
6　児童雑誌の『赤とんぼ』（二巻六号、実業之日本社、一九四七年）
7　前掲安室知「柳田国男が描く日本地図―消される北海道、揺れる沖縄」

蝸牛の呼び方の伝播

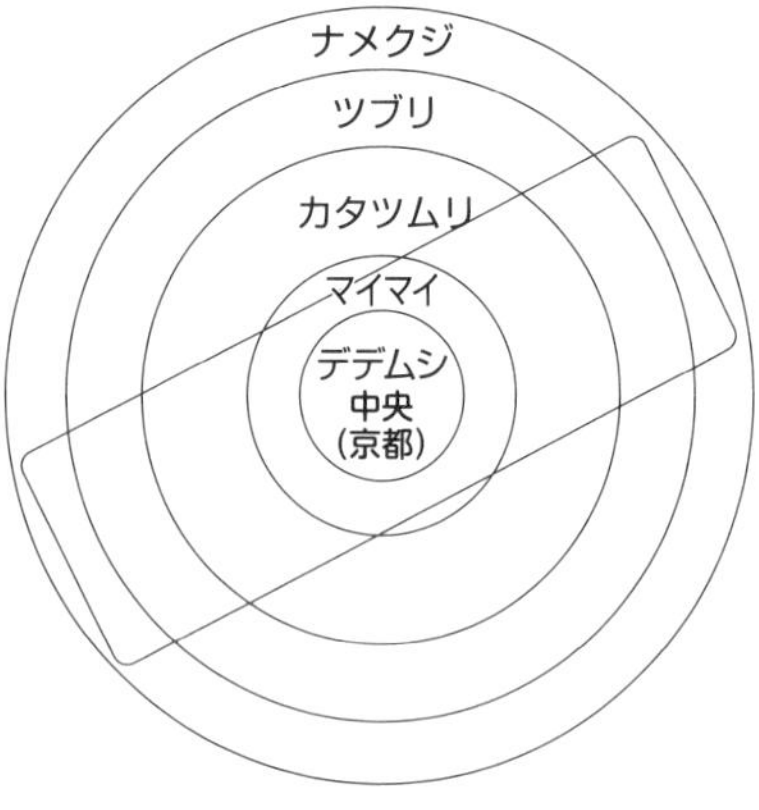

＊柳田国男『蝸牛考』（岩波文庫）を元に作成

同稿では、中心から①トンボ系、②エンバ系、③アケツ系の三層の同心円的分布が示された。そして、中央から新しい言葉が生まれ、地方（南北の両端・日本の片隅）には古い言葉が残っていると解釈された。同時に、国語の統一が必要であるとの指摘や、北海道が分析の対象外であるという認識は、戦前の『蝸牛考』の枠組みを継承しているといえる。

以後も柳田の「方言周圏論」は、その賛否も含めて深化していくが、[8] ここではこれ以上は立ち入らない。確認すべきは、「方言周圏論」が中央を軸にそこからの距離で、方言の同心円的分布を描くこと（本来は統一的であること）を示した点である。柳田は『蝸牛考』の初出論文[9]で、それを「ぶんまわし」（コンパス）の描く円に喩《たと》え、中心点としての「京都の力」を強調している。この点、福田アジオ（民俗学。一九四一〜）は、柳田には日本列島各地の生活は結局京都を中心とした中央の歴史の反映に過ぎないという理解が根底にあった、と解説している。[10]

論争の核心は何か

このように、「方言区画論」と「方言周圏論」は、ともに「多様と統一」の両面を射程に収め、おおよそ日本列島全体をとらえようとする点では共通している。

のちに東条操もいうように、ふたつの学説は共存が可能であると思われるのだが[11]、一方で、**地域ごとの特殊性（分裂面）**を強調するのか、**中心からの影響力（統合面）**を強調するのかで、だいぶ重心が異なっているように見えるのも事実である。

この点、赤坂憲雄の以下の指摘を確認したい。[12] 赤坂によれば、『蝸牛考』は、柳田の「一国民俗学」にとってもっとも重要な意味を有していたという。

8 もっとも有名かつ有力な賛同者は松本修『全国アホバカ分布考―はるかなる言葉の旅路』（太田出版、一九九三年）だろう。
9 『人類学雑誌』（四二―四〜七、一九二七年）
10 福田アジオ「民俗学と歴史学をつなぐもの―網野善彦の功績」（『神奈川大学評論』五三、二〇〇六年）
11 東条操「方言周圏論と方言区画論」（『国語学』四、一九五〇年）
12 前掲赤坂憲雄『一国民俗学を越えて』

柳田國男（1875-1962）。自宅の書斎にて。成城大学民俗学研究所蔵

赤坂は、柳田が『蝸牛考』のなかで、多様な地域的偏差を帯びた方言の分布に関心を示したのは、多様であることそれ自体に、何か積極的な意味を見いだしたからでも、多様な方言を保存するために、組織的な収集に乗り出そうとしたからでもない、という。

では、どのような理由によって柳田は方言に着目したのか。赤坂は以下のように解く。

すなわち、柳田は、「蝸牛」の方言分布を手がかりにすれば、この国の表層にある多様性の底に横たえられた、中心から周縁へと広がっていく同心円的な方言地図を浮き彫りにすることができる、という確信を抱いたからだ、と。つまり『蝸牛考』とは、「いくつもの日本」を否定し、「ひとつの日本」を「中心・周縁」の構図によって明示するための手段であった、という。

赤坂はそのうえで、柳田（「方言周圏論」）による、東条（「方言区画論」）批判の意図を以下のように説明する。

柳田が東条に敵愾心《てきがいしん》を燃やしたのは、「方言区画論」がどれほど危険な学説であるかを十分すぎるほどに見抜いていたからだ、と。中部地方を境に東と西で方言の違いがあるという「方言区画論」の示す了解を仮に認めてしまうと、東西にふたつの異なる地域言語があるというような理解が、必然的に登場してくる。それは、方言における東西区画という次元を超えて、東と西そのものの違いへと発展していきかねない。事実、それは本書の第一章で見た、網野善彦《あみのよしひこ》（中世史。一九二八〜二〇〇四）の『東と西の語る日本の歴史』のような「いくつもの日本」論へと展開していくわけで、柳田はその芽を摘もうとしていたというのである。

まさしく赤坂がいうように、戦後に国語教育に携わり、日本の「国語統一」のために働いていた柳田國男の前に、「方言区画論」は「敵」として現れたのである。この点、ある言葉が「方言」か「言語」（方言以上の独立言語）かは純粋な学問というよりは、むしろ、極めて政治的な問題である以上[13]、赤坂の指摘は説得力がある。

いずれにせよ、「方言区画論」と「方言周圏論」は、ともに実証に支えられている以上、どちらか一方だけが絶対的に誤りというわけではないだろう。赤坂もいうように、柳田の提示する事例に関して、「方言区画論」が反批判をもって応じることはおそらく容易ではないが、柳田（「方言周圏論」）もまた、方言領域における東西の裂け目それ自体を消去することはできない。

13　田中克彦『ことばと国家』（岩波新書、一九八一年）

ここで重要なのは、「方言区画論」と「方言周圏論」の是非ではなく、ふたつの議論の持つ方向性の相違だろう。すなわち、前者は列島の多様性（「いくつもの日本」）につながっていき、後者は日本の統一性（「ひとつの日本」）へと連なっていくのである。

最盛期を迎える「いくつもの日本」論――一九八〇～九〇年代頃

柳田國男の「ひとつの日本」に対して、赤坂憲雄は「いくつもの日本」を唱えた。

赤坂はいう。「ひとつの日本」が慰藉《いしゃ》（慰《なぐさ》め）の力を持ちえた時代は、戦前以降長く続いてきた。しかし時代は、避けがたく「ひとつの日本」の終焉《しゅうえん》を予感しながら、「いくつもの日本」への転換を切実に求めはじめている、と。

このような赤坂の主張を記した論稿「一国民俗学を越えて」（『創造の世界』一九九九年秋号、小学館）が書かれたのが平成十一年（一九九九）で、論稿と同名の書籍が刊行されたのが、平成十四年のことである。先の方言論争の立ち位置でいえば、柳田の論敵である東条操（「方言区画論」）的な路線というべきものである。事実、赤坂は、この国の「東西南北」（諸地域）の持つ個性に注目することで、列島の多様性に言及し、柳田的な「ひとつの日本」論を批判するために、それを「いくつもの日本」として理論化した。

この赤坂の「いくつもの日本」に共振するのが、網野善彦である。「日本」という言葉をめぐっては両者の間に意見の相異もあったが、網野も、先述の『東と西の語る日本の歴史』をはじめ、「日本・日本人」の「一体性・単一性」を徹底して批判しつづけた。網野は、精力的な著作活動や発言により、列島社会の多様性・多元性を具体的に明らかにし、一九八〇〜九〇年代頃の地域史・社会史研究を牽引《けんいん》した。

網野は柳田についても、一生を懸けて「日本人とは何か」を問いつづけ、民俗学を築きあげたその学問は、無限の示唆を与えてくれる宝庫であるとともに、全力を挙げて超えなくてはならない〝巨大な対象〟でもある、と記している。[14] また、網野と赤坂は何度も対談を行っており、[15] 赤坂は、網野の死後に『追悼記録　網野善彦』(洋泉社新書y、二〇〇六年）を編み、同書の解説で「残された者たちが担うべき役割」を自覚し、また同時期にその志を継ぐことを宣言している。[16]

14 『柳田國男全集』（全三十六巻別巻二〈予定〉、筑摩書房、一九九七年に刊行開始）刊行のために寄せられた網野善彦の「推薦のことば」より。
15 赤坂憲雄『民俗学と歴史学―網野善彦、アラン・コルバンとの対話』（藤原書店、二〇〇七年）
16 中沢新一・赤坂憲雄『網野善彦を継ぐ。』（講談社、二〇〇四年）

「一国民俗学」を超える試み

この網野・赤坂とともに、列島の多様性をめぐる議論を豊かなものにしたのが、宮本常一《みやもとつねいち》（民俗学。一九〇七〜八一）である。

宮本は本来、『東と西の語る日本の歴史』を書く予定であったが、諸般の事情によって網野に譲っている。[17] また、国語学者の大野晋《おおのすすむ》（一九一九〜二〇〇八）とともに『東日本と西日本』（日本エディタースクール出版部、一九八一年）を執筆して、網野が同書に解説を加えている。網野はまた、宮本の代表作ともいうべき『忘れられた日本人』（未来社、一九六〇年）が、昭和五十九年（一九八四）に岩波書店から文庫化されたときにもその解説を書き、そして、平成十五年（二〇〇三）には同じく岩波書店から『「忘れられた日本人」を読む』（岩波セミナーブックス）を上梓している。

宮本常一（1907-81。朝日新聞社提供）

網野は、岩波文庫版『忘れられた日本人』の解説で、「（宮本は）「方言周圏論」からぬけ出し（中略）「別の系統の文化」の存在を指摘した。そして村落構造・宮座・民家等々の東日本と西日本の違いを強調し、さらに水田農耕民だけでなく、漁撈民、狩猟民、焼畑耕作民の生活・文化の独自性を追究する必要があるとした」と、宮本が主張する民俗学の基本的な視点を高く評価している。

歴史学者の網野は民俗学にも造詣が深かったといわれるが、その民俗学理解は柳田のそれというよりは、宮本やその師たる渋沢敬三《しぶさわけいぞう》（一八九六〜一九六三。渋沢栄一の直孫）の影響が大きかったという。渋沢は財界人でありながら、若い頃に柳田と出会って民俗学に傾倒し、日本常民文化研究所の前身である「アチック・ミューゼアム」を大正十年（一九二一）に創設して、柳田民俗学の不十分な点を乗り越えることを目指した。

宮本もそうした渋沢のもとで輩出された逸材であり、漁業や漁村、東西の地域差を重視する宮本の研究は、水田稲作に基礎を置く柳田の民俗学とは大きく異なるもので、網野はそこに惹《ひ》かれたと見られている。[18] 網野と日本常民文化研究所（網野の最初の勤務先）との関わりを含め、こうした多元的な思考は、列島社会の歴史・文化を分析するうえで大きな水脈を形成している。

さらに、列島の多様性をめぐる議論で、赤坂・網野・宮本とともに重要なのが、福田アジオで

17 大谷高一「出版にいたるいきさつ」（宮本常一『日本文化の形成―遺稿』そしえて、一九八一年）
18 前掲福田アジオ「民俗学と歴史学をつなぐもの―網野善彦の功績」

ある。福田は〝ポスト柳田〟の民俗学を牽引し、多数の事例から東西の社会組織の地域差を明示した『番と衆―日本社会の東と西』（吉川弘文館、一九九七年）や、膨大な研究史を整理した『現代日本の民俗学―ポスト柳田の五〇年』（吉川弘文館、二〇一四年）ほか多数の著作を持つ。

後者で福田は、「二一世紀の民俗学へ」と題して、それを「一国民俗学を超えて」「柳田国男からの離陸」と唱え、具体的には「地域に深く・世界に広く」を主張した。柳田の一国民俗学（「ひとつの日本」）に対して、個別地域の重視（「いくつもの日本」）である。この『現代日本の民俗学』を赤坂が書評し[19]、赤坂・福田の両者は柳田民俗学を超えることで一致している[20]。また、福田は地域史・社会史としての民俗学を提起し[21]、網野らと協調して歴史学・民俗学の新地平を拓《ひら》こうとしていたことも注目される[22]。

二十一世紀初頭に起きた「いくつもの日本」論の行き詰まり

こうした研究動向の全体に共通するのは、柳田國男的なるものを乗り越えようとする意志、すなわち日本の統一性、中央の基軸性に対して、列島の多様性と地域の重要性への視座である。後者の路線は一九八〇年代から一九九〇年代にかけて最盛期を迎え、各地の地域的な個性もずいぶんと解明されてきたといえるだろう。

ところが、二十一世紀に入る頃にはそうした流れは岐路に立たされることになる。例えば、歴史学では網野善彦の死去（二〇〇四年）と前後して、研究関心が地域史・社会史から国家史・政治史へと回帰し、[23]「社会史は一過性の流行現象」「社会史は終わった」と酷評されるまでにいたる。[24]

このような行き詰まりともいうべき状況の背景には、逆説的ではあるが、「地域」の持つ問題点があるのではないだろうか。国際関係学の山影進（一九四九〜）は、「関係―「地域」を超えて「世界」へ」のなかで次のようにいう。

すなわち、地域認識は胡散臭《うさん》い、と。山影は続ける。世界はいうまでもなく多様である。だが、東アジアもまた多様である。そして、そのなかにあるさらに小さな地域も多様であり、それより小さな地域もまた多様である、と。結果、かかる微分的な地域理解というラッキョウの皮剝《む》きに

19 「日本経済新聞」二〇一四年二月九日付
20 川田順造・赤坂憲雄・福田アジオ「『遠野物語』一〇〇年と日本人―民俗学・歴史学・文化人類学から」（『神奈川大学評論』六六、二〇一〇年）
21 福田アジオ『日本民俗学方法序説―柳田国男と民俗学』（弘文堂、一九八四年）
22 網野善彦・宮田登・福田アジオ編『歴史学と民俗学』（吉川弘文館、一九九二年）
23 前掲桜井英治「中世史への招待」
24 清水克行「習俗論としての社会史」（中世後期研究会編『室町・戦国期研究を読みなおす』思文閣出版、二〇〇七年）

は終わりがなく、これ以上分けられない単位(個人のレベル)でも決して多様性は消滅しないと断じる。[25]

つまり、個別地域の研究は、多種多様であるだけに、深めようと思えば無限に亢進《こうしん》拡散する。[26]むろん、それは分析の精緻化でもあり、研究史の必然でもある。他方、それは対象の分散化でもあり、全体性の欠如でもある。ゆえに、次に必要となってくる作業は、個別地域の比較総合であり、その単位として、世界(東アジアなど)を措定するのと同様に、日本も措定することなのではないだろうか。不足しているのは、地域や世界というよりも、むしろいまは〝日本という単位〟なのではないか、このような疑問が生じてくるわけである。

では、こうした点について、二十一世紀以降、どのような議論が交わされたのか見ていきたい。

「統合・統一」に重点を置く研究の増加――二〇〇〇年代以降

まず民俗学では、福田アジオと永池健二(国文学。一九四八〜)の議論がある。〝単位としての日本〟をめぐる両者の応酬である。[27]

永池「(福田)先生は、『現代日本の民俗学』というご本の中でも、地域で深く考え世界に、というようおっしゃっていますね。その前に「日本」というものがあるだろうと思うのですが」

福田「日本を外すことで新しい可能性を考えたいと思っているんです」

（中略）

永池「そうすると、民俗事象においては、日本という広がりのなかでとらえられるものは、成立してくるのではないですか」

福田「それはありえます。ありえるけれども、それを第一番の優先にはしないということです。それでは柳田になってしまうから」

永池「なってもいいと思うんですが（笑）」

「地域や世界」を重視する福田に対して、永池は「日本を単位」としないことを批判している。

25　小林康夫・船曳建夫編『知の技法―東京大学教養学部「基礎演習」テキスト』（東京大学出版会、一九九四年）。この点、平野啓一郎『私とは何か―「個人」から「分人」へ』（講談社現代新書、二〇一二年）も参照。

26　それは、例えば、文化人類学者の米山俊直（一九三〇～二〇〇六）が、その著書『小盆地宇宙と日本文化』（岩波書店、一九八九年）のなかで、日本に無数の地域＝小盆地「宇宙」を見いだしたことに象徴される。

27　「座談会　アカデミック民俗学と野の学の緊張―福田アジオ氏に聞く」（柳田国男研究会編『柳田国男以後・民俗学の再生に向けて―アカデミズムと野の学の緊張』梟社、二〇一九年）

座談会ではこの後もこうしたやりとりが続いていくが、座談会の後記でも福田が地域や世界を語るのに対して、永池はかかる姿勢を、日本という命題の不在・欠落・排除ではないかと論じている。

この座談会に出席した室井康成（民俗学。一九七六〜）ものちに、個別地域から世界に飛んでしまう研究の果てに忘却されたものは、その中間にある「日本」という「大きな物語」であると結論している。[28]

さらに、同じく民俗学で、「いくつもの日本」を唱える赤坂憲雄と、学界の大御所であった谷《たに》川健一《がわけんいち》（一九二一〜二〇一三）の議論を見てみると、赤坂の主張（「いくつもの日本」）に対して谷川は、「赤坂さんの「いくつもの日本」は確かに優れた認識だと思いますが、もしそのために、日本がなし崩しに世界に開かれていくだけで、日本の国土への思いや日本人が養ってきた豊かな心情が希薄になっていくとすれば、残念だ」と語っている。[29]

谷川も、『柳田民俗学存疑—稲作一元論批判』（冨山房インターナショナル、二〇一四年）をはじめ数多くの著作において、金・銀・銅・鉄・水銀などに注目した「金属文化論」を提起して稲作一元論に反論するなど、多元的日本の観点から柳田（一元的日本）批判を行っており、柳田を批判するという点では赤坂と谷川は共通していた。けれども谷川は〝日本という枠組みなき多様性そのもの〟への傾斜という赤坂の議論には、懐疑的な姿勢をとっていたことがわかる。

次に歴史学での議論を見てみよう。網野善彦に対する村井章介（中世史。一九四九〜）の批判である。村井は、網野の常識破壊的な姿勢には敬意を表しながらも、網野の主張には、国境を外して考えることは、すなわち国家をフィクションとみなすことで、論理の飛躍があるように見受けられる、としている。それは、〝国家の過小評価〟に陥ってしまい、地域論のなかに国家を正当に位置づける道を閉ざしてしまっている、とも述べている。[30]

村井は、すでにそれ以前から国境を外すだけの地域論では不十分で、地域の成り立ちに国家がどのような影響を与えていたかを考え、「地域と国家」という次元の異なる枠組みが相剋《そうこく》しあう様相を視野に入れないと、地域論は歴史的規定性を見失うことになると警鐘を鳴らしていた。[31]

このように村井は、国家を捨象した地域研究には批判的な立場であり、対外関係史や境界史、琉球史も扱う地域研究の第一人者でもあるだけに、その発言は重い。

かくして、近年の歴史学（中世史）では、地域の自立性や分権性に着目した研究が減少し、かわりに中央政治・制度史、国家や中央政権による「統合・統一」に重点を置いた研究が増加傾向

28 前掲柳田国男研究会編『柳田国男以後・民俗学の再生に向けて―アカデミズムと野の学の緊張』
29 谷川健一・山折哲雄・赤坂憲雄「座談会　歴史と民俗のあいだ―網野史学をどう評価するか」（『季刊東北学』一、二〇〇四年）
30 村井章介「国家を超える視覚―日本中世史の立場から」（『朝鮮史研究会論文集』二六、一九八九年）
31 村井章介「中世日本列島の地域空間と国家」（『思想』七三二、一九八五年）

にある。[32]

この点、桜井英治（中世史。一九六一〜）も〝ポスト網野善彦〟の方向性については、我われがなすべきことは、やはり何らかのかたちでグランド・セオリーの構築に向かっていくしかない、としている。そして、中世の日本列島が多元的で分裂的であったとしても、やはりそれにもかかわらず存在していたであろう「国家」とは何かを問わなければならない、と述べる。そのうえで桜井は、中世の日本列島が多元的で分裂的であったことを認めたうえで、なおかつ国家論に向かわないとすれば、逆にいったいどのような体系化・理論化の道がありうるのか、これも本気で考えなければならない、と結論している。[33]

この点、網野とも親しかった石井進が、網野との対談時、網野を高く評価する一方で、全体的なものが見失われていないか、との懸念も伝えていた事実は注目される。[34] 本書の序章でも述べたように、石井は中世史を考えるうえで「分裂・統合」の二側面（「ふたつの旋律」）の持つ意味とその重要性について語っており、[35] 柳田から民俗学の影響・薫陶《くんとう》を受けていたことでも知られている。[36] 石井は、網野の「非農業民」論に賛同すると同時に、棚田《たなだ》学会の会長を務めるなど「農業民」の持つ存在感も軽視することはなかった。これらはつまり、いってみれば柳田的なるもの（「日本・一国」）への意識である。

柳田は、地域史とは「全国的な比較総合の為の基礎の単位」であって、各地域は相違している点があまりに多いにもかかわらず、近似・類似があるがゆえに、「郷土主義に立脚することは必要であるが、協力統一を念頭に置くことが常に肝要である」と述べていた。[37]

むろんそれは、序章でも述べたように、無条件での日本回帰（先祖返り）ではありえない。例えば、柳田國男の「方言周圏論」には地域の側の視点がなく、そもそも本当に地域差（中央からの距離）が時間差（歴史的な変遷過程）を表しうるのかなど、かつての方法論がそのままのかたちで成り立つ余地は、もはやない。[38]

新たなる「ひとつの日本」論へ

そうではなく、新たなる「日本論・一国論」は、赤坂憲雄や網野善彦、そして宮本常一や福田

32 市村高男「科学運動と地域史認識」（歴史科学協議会編『歴史学が挑んだ課題――継承と展開の五〇年』大月書店、二〇一七年）
33 桜井英治「「網野史学」と中世国家の理解」（小路田泰直編『網野史学の越え方――新しい歴史像を求めて』ゆまに書房、二〇〇三年）
34 石井進・網野善彦「歴博対談　新しい歴史像への挑戦」（『歴博』七一、一九九五年）
35 石井進「中世社会論」（『岩波講座日本歴史』八〈中世四〉、岩波書店、一九七六年）
36 篠原徹・福田アジオ「特別インタビュー　歴史学者石井進氏に柳田国男について聞く」（『伊那民俗研究』二二、柳田國男記念伊那民俗学研究所、二〇一四年）
37 柳田国男『民間伝承論』（共立社、一九三四年）
38 前掲福田アジオ『日本民俗学方法序説――柳田国男と民俗学』

アジオらによってなされた徹底した批判と豊穣なる成果（すなわち、地域への深い理解や、世界への広い視座であり、これらはすでに我われの認識の前提・常識となっているものである）を踏まえたうえでの再構築でしかありえないだろう。要するに、**多様・多彩な地域・勢力は、いかにして「ひとつの日本」として共存していたのか**、これである。

柳田の「ひとつの日本」に対して、「いくつもの日本」を提言した赤坂はこう述べる。柳田は二十世紀の日本を、過剰なほどに背負い込んでいた。柳田は柳田の時代を生きた。わたしたちもまた、わたしたちの時代を生きている。柳田の立ち会うことのなかった時代に足を踏み出そう、と。

「ひとつの日本」が語られた〝柳田の時代〟（戦前・戦後）があり、「いくつもの日本」が熱く論じられた〝赤坂の時代〟（一九八〇年代頃から一九九〇年代）がある。新世紀のいま、わたしたちはその先の「新たなる「ひとつの日本」論」へと進むことができるだろうか。

いよいよ次章からは、そうした課題に向けてわずかでも前進してみたい。

第八章　中央と地方——首都の求心力はどこにあるのか

「都鄙雅俗」の観念

ここからは、本書のもうひとつの重要テーマである、**分裂的な「いくつもの日本」が、それでもなお、まがりなりにも統合的な「ひとつの日本」たりえてきた理由・事情**について考えていきたい。こうした問いは、「多様なものは、いかにして統一されるのか」「異質なものは、いかにして共存しうるのか」という現代的・普遍的にも重要な問題にまでつながるはずである。

ここではまず、日本がもっとも分断されていた（相対的に「中央」が弱かった）時代、「中世・戦国期」に照準を合わせて、それでもなお、この国がバラバラに解体されることのなかった理由（＝列島社会に一定の秩序が保持された事情）を探ってみたい。それによって、統合の「核」のようなものが見えてくるはずである。

この問題について、あらかじめ私見（見通し）を述べておくと、**「首都という場の持つ力」**、そして、**「貴種という人の有する力」**が大きかったものと考えている。具体的には、「京都・鎌倉などの場」、そして「天皇・将軍などの人」の力である。

こうした点について柳田國男《やなぎたくにお》（一八七五〜一九六二）が、日本人の「上流の雅《みや》びに憧れ、都府城下の華美に心ひかれること」の強さを指摘し、それを「雅俗都鄙《がぞくとひ》」（都鄙雅俗）の観念と括《くく》り、「雅俗都鄙の問題は、日本の文化の本質を論ずる者には無視することは出来ない」と、我われに強く喚起していたことは、あらためて注目されるところである。[1]

柳田の議論を参照すれば、中央（首都）が「都《みやこ》」、地方が「鄙《ひな》」、そして天皇や将軍などの権門《けんもん》貴顕《きけん》が「雅《みやび》」、それ以外が「俗《ぞく》」ということになる。「都鄙雅俗」の観念は、まさしく「いくつもの日本」が「ひとつの日本」たりえた理由・事情を追究するうえで、不可欠のキーワードになるものと思われる。

そこで以下、本章では「都鄙」の問題を、次章では「雅俗」の問題を扱う。換言すれば、本章では、第一部の「東・西・南・北・内・外」という場（地方）の多様性に対応するかたちで、中央としての首都の持つ意義を考える。次章では、第二部の「朝廷・幕府・寺社・庶民」という人（勢力・階層・職業）の多元性に対応するかたちで、貴種（天皇・将軍）の持つ意味を考えたいと思う。「いくつもの日本」を統合する「核」とは何か、これに柳田のいう「都鄙雅俗」の観念と近年の歴史研究の成果から迫ってみたい。

中世武士の姿から首都を考える

「首都という場の持つ力」を検証するために、まずは、最近の「中世武士論」からはじめたい。

ここで「中世、武士たちはどこにいたのか」と問われれば、読者の多くは「地方にいたのではないのか」と思われるかもしれない。例えば、石井進《いしいすすむ》（中世史。一九三一〜二〇〇一）による一般向けに書かれた古典的名著である『中世武士団』（「日本の歴史」12、小学館、一九七四年）を読むと、中世武士団とは「「土」とむすびついたイエ支配権の強固さと独立性を持つ、根生《ねお》いの在地支配者」という記述と出合う。

同書では、その典型として、戦国期の九州地方、豊前《ぶぜん》国城井谷《きいだに》（福岡県築上《ちくじょう》町）の宇都宮《うつのみや》（城井）鎮房《しげふさ》（一五三六〜八八）が取りあげられる。宇都宮氏は、十六世紀末の中世・近世移行期、羽柴《はしば》秀吉の時代に黒田孝高《よしたか》（如水《じょすい》）によって滅ぼされるのだが、石井は、こうした中世以来、土に根を下ろし、中世が終焉《しゅうえん》するとき土とともに滅びていく宇都宮氏の姿を活写することから同書をはじめる。実際に城井谷を訪れるとわかるように、同所は険阻《けんそ》な要害の地であり、まさに粗に

1　前掲柳田国男『民間伝承論』

宇都宮氏の拠点が置かれた城井谷（福岡県築上町。築上町教育委員会提供）

して野な中世武士像と合致する。

　中世の武士には、このように地方（草深い田舎）に盤踞《ばんきょ》していたというイメージがあるかもしれない。しかし、石井の『中世武士団』を読み進めていくと、次のような記述とも出合う。すなわち宇都宮氏とは、先祖以来十八代にわたって、ただ城井谷だけを死守してきたわけではなく、鎌倉後期には北条氏と結びついて肥後国《ひご》（熊本県）などの守護代を務め、南北朝期には豊前守護ともなっている、と。

　そのうえで、「（宇都宮氏は）単に城井谷のみの小領主として何百年をすごしてきた家ではなかったのである。山間の小盆地に領主として土着して四百年、土と切りはなしがたい支配者として君臨しつづけた中世武士団、というイメージをもしも読者にあたえていたとするならば、それは修正を要するだろう」と結んでいる。

　たしかに石井は同書の冒頭で、「「中世武士団」の実態と特質を浮かびあがらせるために、本書では多少視角を限定して、いわば「土」から生い立ったような在地の支配者という側面に焦点を合わせて、解明の筆を進めていきたい」と注意深く述べている。[2]

都鄙間をつなぐ武士たち

では、「地方（鄙）にいる武士」ではない中世武士の姿とは何か。結論からいえば、それこそが、**「中央（都）にいる武士」**であり、そして、**「中央と地方（都鄙間）をまたぐ武士」**である。

近年の研究成果によれば、武士の姿とはすなわち、京都・鎌倉に拠点を持ち、これらの都市（首都）と散在する所領のあいだを往来する、いわば〝都鄙間ネットワーク〟に立脚して各地を支配し、地域住民に影響力を行使する領主、[3]あるいは、交通の要衝に拠点を置き、個別所領を超えた地域支配を行う一方で、京・鎌倉などの都市にも拠点を持ち、一族間で分業し、〝都鄙間ネットワーク〟を駆使して移動しながら活動する存在、などと総括されている。[4]このように、

2 九州宇都宮氏については、則松弘明『鎮西宇都宮氏の歴史（改訂増補版）』（翠峰堂、一九九六年）を参照。
3 菊池浩幸・清水亮・田中大喜・長谷川裕子・守田逸人「中世在地領主研究の成果と課題」（『歴史評論』六七四、二〇〇六年）
4 伊藤瑠美「中世武士のとらえ方はどう変わったか」（秋山哲雄・田中大喜・野口華世編『日本中世史入門──論文を書こう』勉誠出版、二〇一四年）

現在は地域に加え、首都（在京・在鎌倉）や都鄙間を駆ける武士の姿に注目が集まっているのである。

例えば、下野《しもつけ》国宇都宮（栃木県宇都宮市）を拠点とした関東宇都宮氏（この宇都宮氏は藤原姓で、先に見た九州へ移動した宇都宮氏は中原《なかはら》姓であり、同じ宇都宮氏ながら系統は異なる）の場合、十二世紀末の古代・中世移行期、中央で「京都奉公」（対朝廷・対平氏《へいし》）を行うとともに、地域（下野国宇都宮の内外）へも進出し、十三世紀の鎌倉期には、「鎌倉奉公」（対幕府）も開始するなど、都鄙をまたぐ動きを見せている。

具体的に眺めてみると、鎌倉期の関東宇都宮氏当主であった宇都宮頼綱《よりつな》（一一七二〜一二五九）は、出家・上洛《じょうらく》して在京活動を展開し、浄土宗への帰依《きえ》や畿内寺社の復興などを行い、西国では伊予《いよ》国（愛媛県）の守護職も有した。他方、子の宇都宮泰綱《やすつな》は、「鎌倉奉公」や地域支配（下野国宇都宮の周辺）を担い、北条氏との関係も深めた。

加えて、父の頼綱は浄土僧と大和《やまと》国当麻寺《たいまでら》（奈良県葛城《かつらぎ》市）において曼荼羅《まんだら》（密教経典に基づいて描かれた図像）の書写を行ったが、その曼荼羅の一部が浄土僧によって下野国宇都宮に運ばれている。また、頼綱の娘（泰綱の姉妹）は、著名な歌人として知られる藤原定家《ていか》（一一六二〜一二四一）の子である為家《ためいえ》に嫁ぎ、頼綱・泰綱父子と定家・為家父子は、歌も介して交流を続け、定家の和歌が下野国宇都宮に贈られるなど、関東宇都宮氏は京都歌壇・鎌倉歌壇と並称される

「宇都宮歌壇」を形成した。

このような例からは、首都（西の京都、東の鎌倉）、地域、そして都鄙間をまたぐネットワークの存在がうかがえる。[5] こうした都鄙にわたる活動は、関東宇都宮氏だけではなく、多くの武士に共通して見られたものであり、在京・在鎌倉・在国などを当主・一族・家臣らが分担（分業）していたことが、すでにわかっている。[6]

要するに、武家・公家・寺社が交流し、地域間の融合も進展するなど、列島社会が一体化していくのである。

京都・鎌倉の存在感と求心力

十四世紀の南北朝期になると、足利《あしかが》軍（北朝）の東西移動や、北畠《きたばたけ》軍（南朝）の奥州―畿内転

5 関東宇都宮氏については、江田郁夫編『下野宇都宮氏』（戎光祥出版、二〇一一年）、同編『中世宇都宮氏―一族の展開と信仰・文芸』（戎光祥出版、二〇二〇年）、山本隆志『東国における武士勢力の成立と展開―東国武士論の再構築』（思文閣出版、二〇一二年）、市村高男編著『中世宇都宮氏の世界―下野・豊前・伊予の時空を翔る』（彩流社、二〇一三年）、栃木県立博物館編『中世宇都宮氏―頼朝・尊氏・秀吉を支えた名族』（栃木県立博物館、二〇一七年）などを参照。

6 秋山哲雄『北条氏権力と都市鎌倉』（吉川弘文館、二〇〇六年）、同『都市鎌倉の中世史―吾妻鏡の舞台と主役たち』（吉川弘文館、二〇一〇年）

戦など、列島規模での武士の大移動が進展する。そして、当時の世相について、京童《きょうわらわ》（前近代、京の都に住み物見高く口さがない人びと）は、「京・鎌倉をこきまぜて」（京都・鎌倉を扱《こ》き混《ま》ぜて）、「為中美物《いなかびぶつ》にあきみちて」（地方の物産に飽《あ》き満《み》ちて）と表現している（『二条河原落書《らくしょ》』）。

京都・鎌倉・地域が混淆《こんこう》している様子がうかがえ、南北朝の動乱が列島規模で都鄙貴賤《きせん》をシャッフルしたことがじつによくわかる記述である。中世史家の村井章介（一九四九〜）は、この「こきまぜて」という言葉こそ、時代相を語るキーワードといえるのではないか、と指摘している。さらに、この「こきまぜ」た戦乱の時代が、文化を創造し、保持し、享受する者が特定の階層や社会集団に限定されていた状況を突破し、新たな文化を創出した、ともいう。[7]

さらに室町期に入ると、列島の東西で京都・鎌倉を拠点にした統治機構が確立する。西の室町幕府、東の鎌倉府（本書第一章を参照）である。そして、京都には西国の大名らが、鎌倉には東国の大名らが結集した。**「西の在京」「東の在鎌倉」**という状況である。

なお、ここで「守護」「大名」「守護大名」という用語について確認しておきたい。研究の進展によって、近年では「守護大名」があまり用いられなくなり、「守護」と「大名」も厳密に区別されるようになってきている。

すなわち、「守護」とは地域支配に関わる職務や権利（それを担う者）を指し、「大名」（ダイミョウではなく、**タイメイ**と読む）とは在京して幕政に関わる者を指す。それゆえ、在京する大名

（タイメイ）が各地の守護を兼ねることはあるが（例えば、在京して管領《かんれい》という幕府重職にあった大名〔タイメイ〕の斯波《しば》氏が、越前《えちぜん》・尾張《おわり》・遠江《とおとうみ》守護などを務めている）、各国の守護がすべて大名（タイメイ）であったわけではない。越後《えちご》守護の上杉《うえすぎ》氏、信濃《しなの》守護の小笠原《おがさわら》氏、駿河《するが》守護の今川《いまがわ》氏、周防《すおう》守護の大内《おおうち》氏などは在国を基本とする守護で、「タイメイ」とはいえないのである。

したがって、守護が在京して中央の幕政にも参加していたというよりは、在京して幕政の一翼を担う諸大名が、地域行政に携わる守護職も兼ねていたというほうが妥当とされている。[8] つまるところ、近年の研究では在国（守護）よりも在京（大名）の方に力点が置かれており、首都（京都）から地域（各国）を支配するという構図で、室町期のおおよその国家像（全体像）が整理されているのである。[9]

このような視点から室町期研究をリードしている山田徹（一九八〇〜）は、地域支配の多様性を踏まえて、求心点としての京都を軸に全体の見取り図を描こうとしており、[10] いまはこうした

7　村井章介『分裂する王権と社会』（『日本の中世』10、中央公論新社、二〇〇三年）、呉座勇一『戦争の日本中世史――「下剋上」は本当にあったのか』（新潮選書、二〇一四年）、桃崎有一郎「鎌倉幕府の成立と〝京都文化〟誕生のパラドックス――文化的多核化のインパクト」（中世学研究会編『幻想の京都モデル』高志書院、二〇一八年）など。
8　吉田賢司『室町幕府軍制の構造と展開』（吉川弘文館、二〇一〇年）
9　山田徹「室町領主社会の形成と武家勢力」（『ヒストリア』二二三、二〇一〇年）、同「室町時代の支配体制と列島諸地域」（『日本史研究』六三一、二〇一五年）
10　山田徹「南北朝期の守護論をめぐって」（中世後期研究会編『室町・戦国期研究を読みなおす』思文閣出版、二〇〇七年）

理解をベースとして各種の研究が深化しつつあるところである。

なお、当時の地域支配の状況を見ていく場合、守護が基本とはなるが、実態としては守護以外の存在もまた重要である。なぜなら、守護が必ずしも一国すべてを押さえているとはかぎらないからである。例えば、「明徳《めいとく》の乱」（一三九一年）で山名《やまな》氏を倒した足利氏は、恩賞として諸大名に山名氏の旧領を分け与えたが、そうしたなかで、一色《いっしき》氏という足利一門の大名は、「凡《およ》そ守護の事は遷替《せんたい》の職也《なり》、此《この》の在処《ざいしょ》の事は分国《ぶんこく》の中の大庄」「小国の微貢《びこう》ならんよりは大庄の恩補《おんぽ》には如《し》かず」と述べたと伝わる（『明徳記』）。

要するに、次々と替わってしまうような守護職（遷替の職）、しかも小国の守護職などより、大規模な荘園（ここでは若狭《わかさ》国税所今富名《さいしょいまとみみょう》〔福井県小浜《おばま》市〕を指し、日本海交易の要衝・小浜湊《みなと》も含む）が欲しいということである。

逆にいえば、守護でなくとも国内の要地（大規模な荘園・都市的な場）を押さえうる実力者（およそ在京する公家・武家・寺社など、足利氏周辺の権門貴顕・有力者）が存在するということである。そうである以上、守護というだけでは、必ずしも現地の重要な所領に影響を及ぼせるわけではない。室町期の守護は、一国を領域的に支配してなどいないのである。[11]

ともあれ、西国では武士の在京が核となるが、在京概念が通用するのはほぼ室町幕府の直接支配圏たる、九州を除く越後国・信濃国・駿河国以西の「室町殿御分国《ごぶんこく》」にかぎられており、東国では武士の「在鎌倉」が鍵となる。事実、足利氏や上杉氏をはじめ、室町期には多くの武士が鎌倉に集まっていたことが明らかにされている。例えば、上杉氏は山内《やまのうち》殿・扇谷《おうぎがやつ》殿、佐竹《さたけ》氏は名《な》越《ごえ》殿と呼ばれたが、いずれも、いまも鎌倉に残る地名である。そのほか、小山《おやま》氏、阿曽沼《あそぬま》氏、蘆《あし》名《な》氏など様々な武士たちが、鎌倉に屋敷地などを持っていたことが判明している。[12]

なかでも足利氏や上杉氏、佐竹氏は、鎌倉に屋敷地を持ちつつ菩提寺《ぼだいじ》も創建するなど、都市で暮らし、鎌倉府で仕事をしていたわけである。足利氏は公方《くぼう》（鎌倉公方）、上杉氏はその補佐役たる関東管領、佐竹氏は政務訴訟を審議相談する評定衆《ひょうじょうしゅう》のメンバーや市中警察たる侍所《さむらいどころ》の長官を務めていた。室町期の首都（京都・鎌倉）の存在感・求心力には相当なものがあったのである。

「中央」の存在を軽視していなかった戦国大名

室町期の「在京」「在鎌倉」は、戦国期になると漸次《ぜんじ》解体していき、大名は下国《げこく》・在国を開始

11 山田徹「南北朝期における所領配分と中央政治——室町期荘園制の前提」（『歴史評論』七〇〇、二〇〇八年）

12 この点、江田郁夫『室町幕府東国支配の研究』（高志書院、二〇〇八年）、植田真平『鎌倉府の支配と権力』（校倉書房、二〇一八年）、谷口雄太『室町期東国武家の「在鎌倉」——屋敷地・菩提寺の分析を中心に』（鎌倉考古学研究所、二〇二〇年）などを参照。

する（戦国大名《だいみょう》の誕生）。ただし、戦国大名は自力による地域支配（タテ）を深める一方で、対京都（朝廷・幕府）外交（ヨコ）も広やかに行っており、中央の存在を決して軽視してはいなかった（次章で詳しく検討する）。この点は、戦国大名を理解するうえで大変重要な問題である。

例えば、東（東海地方）の戦国大名今川氏は、その分国法『今川仮名《かな》目録』のなかで、「只今《ただいま》はおしなべて、自分の力量を以《もっ》て、国の法度《はっと》を申し付く」と述べて、独自の領域統治を行ったが、同時に自らのことを室町幕府の一員である「守護」と認識して京都（幕府）との関係も維持している。[13] 西（中国地方）の戦国大名大内氏も、周防国山口を拠点に自立した領国支配を行い、筑前《ちくぜん》国博多《はかた》を押さえてアジアとも交易を繰り広げるなど強大な勢力を誇ったが、同氏は同時に、幕府・守護体制の一角を構成し、上洛して将軍を支えるなど、中央とのつながりも重視していた。[14]

こうした姿勢は、今川氏や大内氏だけの特殊なものではなく、戦国大名一般に広く見られたものである。それゆえ、地域自立的な「戦国大名」などというよりも、むしろ中央に連なる「戦国期守護」という呼称の方が妥当ではないか、との見解すら存在しているのである。[15]

このように戦国大名の対京都外交は存在したが、その実務を主に担った者は「在京雑掌《ざっしょう》」「京都雑掌」などと呼ばれ、戦国大名の家臣や僧侶・商人らが起用された。また、中央にいる同族などの存在も戦国大名にとっては貴重であった。こうしたヨコのつながりは、既往の研究ではあまり注目されてこなかった盲点であったため、昨今、着目され分析が進められている。[16]

他方、東国では十五世紀半ばに、第五代鎌倉公方の足利成氏《しげうじ》が補佐役である関東管領の上杉憲《のり》忠《ただ》を暗殺したことで「享徳《きょうとく》の乱」が勃発する。幕府軍に攻められた成氏は、首都（関東足利氏・公方の拠点）を相模《さがみ》国鎌倉（神奈川県鎌倉市）から下総《しもうさ》国古河《こが》（茨城県古河市）に移転したため、古河は人びとから「東都《とうと》」と呼ばれた（『海東諸国紀』）。同時に、越後国の上杉氏は、東国の諸氏がことごとく「在鎌倉」する体制への回帰を願うなど（『妙本寺《みょうほんじ》文書』）、旧都鎌倉の復活も理想視されていた。このように、東国の戦国大名にとっても、首都たる古河・鎌倉や公方足利氏とのつながりは重要であった。

なお、戦国大名も、自らの領国内においてはその拠点への集住を進めたとされ、その実現の程度についてはなお検討の余地を残すものの、例えば、越前国の朝倉《あさくら》氏は国内有力者の一乗谷《いちじょうだに》（福井県福井市）への転居を目指し（『朝倉英林壁書《えいりんかべがき》』）、周防国の大内氏も武士の山口在住を進めるなど（『大内氏掟書《おきてがき》』）、各国でも中心となるべき都市の存在は重要であった。

13 大石泰史「公家・将軍家との「外交関係」を支えた今川家の側近たち」（同編『今川氏研究の最前線――ここまでわかった「東海の大大名」の実像』（洋泉社歴史新書y、二〇一七年）

14 大内氏歴史文化研究会編、伊藤幸司責任編集『大内氏の世界をさぐる――室町戦国日本の覇者』（勉誠出版、二〇一九年）

15 川岡勉『室町幕府と守護権力』（吉川弘文館、二〇〇二年）

16 小林健彦『越後上杉氏と京都雑掌』（岩田書院、二〇一五年）、村石正行「室町幕府同名氏族論――中世後期社会の人的結合をめぐって」（『信濃』六八――一二、二〇一六年）

参勤交代・留守居役が果たした役割

このように、「首都」という場の持つ力には侮りがたいものがあった。こうした流れのうえに、近世は到来する。すなわち大名たちによる、羽柴氏（豊臣氏）の時代においては大坂・京都への出仕であり、そして、徳川氏の時代においては江戸への出仕（参勤交代《さんきんこうたい》）である。

参勤交代は、基本的に大名家当主が江戸と国元を一年交代で往来するものであり、大名妻子は江戸にいることが求められた。参勤交代の行列では、大名たちは自己の権勢を誇示し、華美を競い合ったため、従者の数がだんだんと膨れあがり、国郡・人民の疲弊につながった。そのため、幕府は諸大名に対して、身分相応のものとするよう人員抑制・経費節減をたびたび要求する始末であった。将軍（八代徳川吉宗《よしむね》）は江戸への人口集中を問題視し、その分散を図って参勤交代の江戸在府期間を短くしたが（上米《あげまい》の制）、反対意見も強く、武士たちのなかには在国（地方）よりも「在江戸」（中央）を希望する声も少なくなかったという。

こうしたことからも、大名を抑圧したという参勤交代の一般的なイメージは、現実とはかなり異なるのではないかと思われる。結果、日本にいる数多くの武士たちが、江戸に集まることとなり、江戸（当時は「東都」とも称された）は十九世紀には、百万人を超える人口を擁する世界最大級の大都市へと発展・成熟していった。[17] さらに参勤交代によって、江戸での文化・情報・学問・経済が地方へと伝播《でんぱ》され、近世の列島社会の一体化が促進されたことも重要な点である。

他方、大名が在国などの場合には、「在江戸」の留守居役《るすいやく》が幕府・他藩との折衝を行い、大きな力を持った。[18] この留守居役は、戦国期の「在京雑掌《ざっしょう》」と比較可能な存在で、事実、中世の「雑掌人」は、近世には「当今《とうこん》いわゆる留守居役に相類《あいるい》せり」といわれた（『武家名目抄《めいもくしょう》』）。各大名家（藩）にとって、江戸（幕府・首都）の存在感は極めて大きなものであった。

首都の力

以上のように、京都・鎌倉・江戸など、「首都という場の持つ力」こそが、分裂する地域を統合する「核」のひとつであったと考えられるのである。さらに、**中央（都）と地方（鄙）は分断などされておらず、シームレスにつながっており（都鄙連続）、人の移動などが繰り返されるこ**

17 山本博文『参勤交代』（講談社現代新書、一九九八年）、丸山雍成『参勤交代』（吉川弘文館、二〇〇七年）、池享他編『みる・よむ・あるく 東京の歴史・2』（通史編2江戸時代、吉川弘文館、二〇一七年）

18 服藤弘司『大名留守居の研究』（創文社、一九八四年）、山本博文『江戸お留守居役の日記—寛永期の萩藩邸』（読売新聞社、一九九一年）、笠谷和比古『江戸御留守居役—近世の外交官』（吉川弘文館、二〇〇〇年）

とによって、列島社会はその都度シャッフルされ、結果、日本列島全体の一体化も進んでいった。

この点、柳田國男は「村が今日の都人《みやこびと》の血の水上《みなかみ》であったと同様に、都は多くの田舎人の心の憧憬地であった」と表現している。[19]

この構造は、日本各地の都市と村落のあいだにおいても見られる。例えば、民俗学の福間裕爾（一九五六〜）は、九州地方北部における山笠《やまがさ》（博多祇園《ぎおん》山笠）の分布・伝播状況について、博多から周辺地域へ影響する「博多うつし」「博多文化圏」を見いだし、そこに大都市博多（ミヤコ）に対するマチ・ムラ・ウラの人びとの憧憬の念を読み取っている。[20]むろん、この山笠は京都祇園会に淵源《えんげん》を持っている。都鄙の連続は、「首都─地方都市─村落」と重層的な構造にあり、それによって中心から周縁までつながっていたのである。

最後に、現代まで見通してみよう。

江戸幕府が崩壊し参勤交代も終焉するが、明治期（近代）になると中央集権が進み、現代では「東京一極集中」「地域格差」が問題視されるまでにいたる。現在の総人口が約一億二千五百万人のなかで、首都圏一都三県（東京都・神奈川県・埼玉県・千葉県）に約三〜四千万人、そのうち東京都に約千五百万人が暮らしている。近世後期の総人口は約三千万人といわれるなかで、江戸に約百万人が暮らしていたのと比べると、現在の集住の度合いは相当に高い。[21]

だがその前提には、これまで見てきたように、近世の「在江戸」、中世の「在京」「在鎌倉」など、首都に人が集まる日本の構造が存在したこともまた事実であり、首都への人口集中という問題は、その根が深いといわねばならない。災害や疫病など様々なリスクを抱えつつも、人が首都に集まる理由、それは権力側の要請のみならず、人・物・金・情報などが集中する利便性、そして、柳田國男も喝破していたように、新しいものへ、美しいものへ、と進んでいることへの人びとの期待と憧憬（『民間伝承論』）がある。さらに、この国に根づく長期的な構造（「在京」「在鎌倉」「在江戸」、戦国大名の拠点集住）なども挙げられよう。

以上のように、「いくつもの日本」を統合するもの、そのひとつは確実に、首都・中央という「場」の持つ力の存在があったといえるのである。

19 前掲柳田国男『民間伝承論』
20 福間裕爾「「都鄙連続論」の可能性―北部九州の山笠分布を中心に」（『福岡市博物館研究紀要』二、一九九二年）
21 速水融『歴史人口学の世界』（岩波セミナーブックス、一九九七年）、鬼頭宏『文明としての江戸システム』（「日本の歴史」19、講談社、二〇〇二年）

第九章　天皇と将軍――戦国期にも存続しえた「価値」を探る

戦国期も中心に君臨しつづけた足利将軍

前章では、分裂する地域を統合する「核」として、「首都という場の持つ力」を挙げた。これに対して本章では、もうひとつの要素として**「貴種という人の有する力」**に注目する。柳田國男《やなぎたくにお》がいうところの「都鄙雅俗《とひがぞく》」（本書第八章を参照）のうち、「雅俗」の方に着目するわけである。

多様な地方（地域）・勢力（階層）はいかにして統一されていたのか。本章では以下、日本がもっとも分裂の度合いを深めていた時期である中世、とりわけ戦国大名《だいみょう》が割拠する時期（十五世紀末以降）の将軍（足利《あしかが》氏。以下、足利将軍）の存在に焦点を絞って、その存立の謎（存続の諸要因）に迫り、最後に天皇についても触れていきたい（以下、本章では戦国大名について大名と略称する場合もある）。

戦国期の大名たちは、「地域国家」とも称されうるほどの実力を誇っていた。[1] 戦国大名が「法と統治権の領域では、独立で主権的な権力を確立した」と称されるゆえんである。[2] そのため、戦国大名同士の関係は、主権国家同士の外交にもなぞらえられるほどである。こうした実力至上主義的な戦国大名の理解は、『信長の野望』シリーズといったシミュレーションゲームなどをとおして、人口に膾炙《かいしゃ》しているものと思われる。

これに対して足利将軍は、その強制力のほとんどを失っていた。むろん、必ずしも「無力」ではないが、さして有力でもないというのが実態である。しかし、それにもかかわらず、戦国期の約百年間にわたって、大名たちは足利将軍を滅ぼすことなく共存し、将軍は大名らの頂点、日本の中心に君臨しつづけたのである。それはいったい、なぜだろうか。

以下、拙著『〈武家の王〉足利氏—戦国大名と足利的秩序』（吉川弘文館、二〇二一年）と一部内容が重なるが、本書のテーマである「統合」を考えるうえでは欠かせない重要な問題であるため、重複をいとわず再説する。

1　勝俣鎮夫『戦国時代論』（岩波書店、一九九六年）、有光友學編『戦国の地域国家』（吉川弘文館、二〇〇三年）
2　石母田正「解説」（石井進・石母田正・笠松宏至・勝俣鎮夫・佐藤進一校注『中世政治社会思想』上、岩波書店、一九七二年）

「力」「利益」「価値」——国家の成立要件たる三要素

この謎を解くためには、まず「一般的に国家は、どのように成立しているのか」から確認したい。国際政治学者の高坂正堯《こうさかまさたか》（一九三四〜九六）は、次のように述べている。すなわち、「各国家は力の体系であり、利益の体系であり、そして価値の体系である」と。[3] つまり、国家とは①**「力」**、②**「利益」**、③**「価値」**の三要素から成り立っている以上、これらについて丁寧に腑《ふ》分けして考えることが求められるのだという。

このうち、①の**「力」**は、暴力そのもの、強制力のことであり、国家を形成するうえでも、またそれを維持するうえでも、良くも悪くも、最初にくるものである。だが、そのようなゼロサムな関係だけでは、国家は安定しない。そのためには、支配者と被支配者のあいだにウィンウィンの関係を築くことが必要となってくる。

それが②の**「利益」**である。支配者と被支配者がともに合理的にメリットを分かち合うことで、両者は合意形成を目指す（契約を交わす）ことができるようになる。しかし、相互の利益がなくなれば、当然、契約は解消せざるをえず、不安定な域を脱することは難しい。そこで共同体を永続させるためには、さらに別の要素が不可欠となってくる。それが③の**「価値」**の共有である。

高坂はいう。我われは自らの欲する行動をとって生活しているにもかかわらず、それが社会に混乱をもたらさず、多くの人とのつながりを保っていくことができるのは、そこに共通の行動様式と価値体系＝「常識」という目に見えない糸が、我われを結びつけているからで、国家から家にいたる様々な制度も、こうした「目に見えない糸」によって支えられてはじめて成立するのである、と。

高坂は、一般的に語られやすい①「力」、②「利益」に加えて、③「価値」を強調する。そして高坂は、この常識＝「価値」は、歴史的に作られてきたものであるから、我われが意識するよりも、はるかに深く心のなかに食い込んでいる、としている。目には見えないが、我われ（共同体）を強く結びつける糸、それが常識＝「価値」だというのである。

そこで戦国期の日本の場合を見てみると、国家の中心にいた足利将軍に、①の「力」（軍事力）が欠けていたことは明らかである（正確にいえば無力ではなかったが、しかし有力でもなかった）。すなわち、暴力（強制力）によって大名たち（実力ある者）を服従させることなど、もはやできない。かくして、②の「利益」、そして③の「価値」の存在がクローズアップされてくるのである。

3　高坂正堯『国際政治――恐怖と希望』（中公新書、一九六六年）

同様に参照できるケースとして、もう一度、国家論・国際関係論について眺めてみたい。現在の国際関係においても、①の「力」で万国を統制する唯一のスーパーパワー（超大国）や世界政府などは存在していない。あるのは、国際機関としての国際連合（国連）だけである。それゆえ、円滑な国際関係の構築には、②の「利益」と③の「価値」が重要になる。

要するに、主権国家からなる国際社会が存在するのは、一定の「共通利益」と「共通価値」を自覚した国家集団が一個の社会を形成しているときだけである。[4] 換言すれば、国際秩序の安定のためには、それを構成する国家間で「共通利益」と「共通価値」が認識されていなければならないのである。[5]

この点、現在の日中関係が基本的には経済的な利益を共有しているだけの不安定なものにとどまるのに対して、日米関係は「共通利益」のみならず、西欧近代的な「共通（普遍的）価値」（自由・民主主義・基本的人権・法の支配など）も共有しており、より安定性の高い状況が維持されている。こうしたことからも、「共通利益」と「共通価値」が持つ重要性はよくわかるのではないだろうか。

戦国期の足利将軍と大名の関係にも当てはまるのか？

以上のように、国際社会の成立・存続には、①の「力」としてのスーパーパワーや世界政府が不在ゆえに、②の「共通利益」、③の「共通価値」が重要なわけである。こうした視点は、戦国期の日本を見ていくうえでも役に立ちそうである。

すなわち、当該期の足利将軍は、①の「力」を欠いており、スーパーパワーではまったくない。にもかかわらず、将軍と大名は戦国期の約百年間、上下関係を維持し、実際に共存していたのである。筆者はその意味を、②「共通利益」、③「共通価値」から説明が可能なのではないかと見通している。

そこで、戦国期の「足利将軍と大名の関係」を、②「共通利益」、③「共通価値」の観点から眺めてみると、主に②の「利益」に注目するのが山田康弘（中世史。一九六六〜）であり、[6] 対し

4 前掲ヘドリー・ブル著、臼杵英一訳『国際社会論—アナーキカル・ソサイエティ』
5 細谷雄一『国際秩序—一八世紀ヨーロッパから二一世紀アジアへ』（中公新書、二〇一二年）
6 山田康弘『戦国時代の足利将軍』（吉川弘文館、二〇一一年）

て③の「価値」に着目するのが筆者である。[7]

以下、それぞれの視点を介して、「利益」と「価値」の両側面から戦国期における足利将軍の求心力・存在感を確認していくことにしたい。換言すれば、権力主体の分散・多極化（「いくつもの日本」）が決定的となった中世、とりわけ戦国期に、日本が無秩序化・解体化には向かわず、まがりなりにも秩序・統合（「ひとつの日本」）が維持された理由を、「利益」と「価値」のふたつの角度から説明してみたいと思う。

戦国大名にとってのふたつの「共通利益」

まず、戦国期の足利将軍と大名の「共通利益」から見ていきたい。山田康弘はその著書『戦国時代の足利将軍』のなかで、以下のような問題設定を行っている。

すなわち、「戦国期の将軍は無力であった」とよくいわれるが、なぜそのような将軍が戦国時代の約百年間にもわたって途中で滅亡せず、最後の将軍である十五代足利義昭《よしあき》にいたるまで、ともかくも存続しえたのであろうか、と。

これに対する山田の回答は、次のとおりである。

つまり、大名たちにとって将軍は、様々な問題、とりわけ、「対外的な問題」に対処するうえで、まだまだ十分に利用価値があり、そのように大名たちも判断していたからである、と。多くの大名たちは、依然として将軍との関係を捨て去らず、将軍を支え、将軍を利用し、その行動にあたっては、一定の範囲内で将軍の上意《じょうい》を考慮に入れざるをえなかった。将軍が戦国期の約百年間にわたってともかく存続しえた大きな理由のひとつは、まさにここにあった、と結論を導き出している。

キーワードは、大名による「利用」であり、まさに「共通利益」からの説明といえよう。では、将軍の「共通利益」とはどのようなものであったのだろうか。山田の解説を見てみると、大きく分けて、

・戦国大名の家中・領国内の対内的な問題に対処する際に、将軍が利用されるケース。
・他大名との外交問題＝対外的な問題に対処する際に、将軍が利用されるケース。

の二点であるという。

7 谷口雄太『中世足利氏の血統と権威』（吉川弘文館、二〇一九年）

家中・領国内における「共通利益」

まず、戦国大名の対内的な問題から将軍の「共通利益」を見てみると、山田によれば、

①権力の二分化を防ぐ。
②家中内の対立を処理する。
③幕府法の助言を得る。

の三点であるという。

例えば①は、豊後《ぶんご》国の戦国大名・大友氏や薩摩《さつま》国の戦国大名・島津氏のケースが挙げられている。大友氏は将軍の側近に対して、大友氏の家臣から大名である大友氏の頭越しに将軍へ連絡があっても、それは無視してほしいと伝え、同様に、島津氏も将軍に対して、類似の案件を伝えている。

つまり、大名の家臣と将軍が直結することによって生じる「大名権力の二分化」(相対化)を、大名自身が防いでいるということである。大名は上意(将軍)との関係を独占・維持しつづける

ことができなければ、それを止めることはできないため、将軍との関係を良好なものとすることによって、家臣の統制も図ることができるというのである。

②は、若狭《わかさ》国の戦国大名・武田氏のケースが挙げられている。同国では漁業権などをめぐる丹《に》生浦《うのうら》（福井県美浜《みはま》町）と竹浪《たけなみ》（波）村（同）の相論《そうろん》が生じ、丹生浦には武田氏重臣の内藤氏が、竹浪村には同じく粟屋《あわや》氏がそれぞれ味方した結果、裁判ではどちらが勝っても禍根を残すこととなった。

そこで、武田氏は将軍に相談し、幕府として前者（丹生浦・内藤氏方）の勝訴を意見してもらい、それに基づいて、武田氏は最終的な判決を言い渡した。武田氏としては、幕府法の専門家による合理的な判断であるということで、後者（竹浪村・粟屋氏方）を納得させると同時に、その不満をなるべく武田氏へは向かわせないようにしたものと考えられている。

③は、摂津《せっつ》国の戦国大名・細川氏や、同じく摂津国の大坂本願寺（大阪市北区）のケースが挙げられている。摂津国では金銭トラブルをめぐって、住吉《すみよし》の浄土寺《じょうどじ》（同住吉区）と堺（大阪府堺市）の桑原道隆《どうりゅう》入道の相論が勃発したが、細川氏には関係する法についての専門知識を有する人材がいなかった。

そこで幕府に相談した結果、幕府法のプロからの助言を得ることに成功している。また、摂津国の大坂本願寺は、犯罪者を処刑か配流にするかで悩んだ際、やはり幕府に相談し、幕府法の判例（先例）を尋ねている。幕府は腐っても約二百年の伝統（歴史的蓄積）を有し、希少かつ貴重な〝幕府法のプロ〟も抱えていたのである。

他大名との関係における「共通利益」

次に、対外的な問題を見てみると、山田によれば、

①栄典《えいてん》獲得競争の有利な展開。
②情報を得る。
③敵の策謀を封じ込める。
④交渉のきっかけを得る。
⑤他大名と連携する契機を得る。
⑥内外から合力《ごうりき》を得る。
⑦敵対大名を牽制《けんせい》する。
⑧正統（正当）化根拠の調達。
⑨ライバルを「御敵《おんてき》」にする。

⑩面子《めんつ》を救いショックを吸収する。
⑪周囲からの非難を回避する。
⑫「日明貿易」の独占。

の十二点であるという。以下、整理しながら述べてみたい。

①：平時の大名自身の存立にとって、周辺勢力（ライバル）との関係が重要事項中の重要事項であるため、相手よりも高い「地位」にいること、または、相手に遅れをとらないことが大切となり、結果、将軍には**「栄典」**（高い家格）を求めつづけることとなる。

②・③：戦時に移行すると、大名は敵対勢力を叩《たた》くべく、あるいは領土防衛戦争を行うべく、将軍（幕府）の持つネットワークも駆使して**各種情報を収集**し、**相手の謀略を察知**してはそれを抑え込もうとする。

④・⑤：また、豊富な幕府人脈も活用して、**第三勢力との交渉・同盟を模索**しようとする。

⑥・⑦：場合によっては**将軍から種々の命令を下達《かたつ》**してもらうように依頼し、**相手の動きを封殺**しようとすることもあった。

⑧・⑨：さらに、**自分は将軍から支持**されており、他方、**相手は将軍から敵対視**されている（「御敵」である）と**内外に宣伝**することもあった。

⑩・⑪：その後、**終戦工作の際**には**将軍の命令（上意）として和睦《わぼく》を下達**してもらうことにより、**当事者双方はプライド・メンツを保ったままの和平交渉が可能**となる。また、**周囲・内外からの批判・不満も逸《そ》らす**ことができるようになる。

⑫：このほか、国家間（中華皇帝―日本将軍間）交易である**「日明貿易」に参入して利益を望む**こともできたという。

このように、戦国期にいたっても多くの大名たちにとって、将軍と良好な関係を維持していくことは様々な「利益」を得るうえで意味があると考えていたようなのである。それは、山田がまとめたとおりである。

そのうえで山田は、戦国期の日本社会は、各地の大名たちが対立しあうバラバラな分裂状態にあったというイメージが強いが、多くの大名たちは単に対立していただけではなく、将軍を利用し、いわば皆で将軍を共用してもいた。そして、互いに遠距離にあって直接交流することがない大名同士であっても、将軍を利用し、将軍を共用することによって、将軍を媒介に互いに間接的に関連しあってもいたという。そして、当時の日本には、将軍を中心とした、ゆるやかなまとまりがあったとして、足利将軍（幕府）を「国際連合のような存在」と位置づけている。

つまり、分裂する「いくつもの日本」（戦国大名≒主権国家）を、「共通利益」で統合する「ひとつの日本」（京都将軍≒国際連合）とし、統合する「核」としての将軍というイメージを提起しているのである。

山田が目指した地平は、〝戦国日本の全体像〟であり、「市史」や「県史」といった地方史・地域史レベルではなく、「日本史」レベルでの考察であった。[8] これに自らの「共通利益」論をもって答えてみせたのだ。

これまで盲点であった、足利将軍の「価値」

これに対して、戦国期の足利将軍と大名の「共通価値」とは何かを見てみよう。

じつは、これまで「共通利益」論をリードしつづけてきた山田康弘は、近年、「共通価値」論にも言及しはじめている。[9] そこで山田は、自著『戦国時代の足利将軍』などの成果を振り返りつつ、次のように論じている。

大名たちにとって「対内的な問題」と「対外的な問題」を処理する際に、将軍との関係は様々な利益をもたらすものであった。しかし、こうした利益（損得勘定）という要素だけで「将軍存

8　山田康弘「やっかいな質問」（『本郷』九五、吉川弘文館、二〇一一年）

9　山田康弘「戦国期足利将軍存続の諸要因――「利益」・「力」・「価値」」（『日本史研究』六七二、二〇一八年）

続の要因」をすべて説明できるのか、と自問する。「共通利益」論以外の視角の可能性である。そこで提示しているのが、筆者の視点、すなわち、「価値」（「共通価値」論）の問題である。

山田は、「ここで谷口氏が、社会における価値観（規範・倫理、広くいえば社会の思潮）に着目したことは重要である。なぜならば将軍存続の要因をさぐるうえで、先にのべた「利益」という要素だけでなく、社会で共有されるこうした価値観といった要素も、また考慮に値することを示したからである」と述べている（「戦国期足利将軍存続の諸要因」）。

つまり、「共通利益」論以外に「共通価値」論も戦国期の足利将軍と大名の関係を見ていく（将軍の存在感を考えていく）うえで、重要な論点となりうるということである。これは、すでに述べたように、高坂正堯の「国家論」「国際関係論」などからも理解が可能である。そこで以下、これまでの盲点でもあった「共通価値」論から〝足利将軍の求心力〟を見てみよう[10]。

戦国期日本を覆う「足利的秩序」とは？

戦国期の足利将軍と大名の「共通価値」とは何か。

それは、端的にいえば、将軍＝足利氏が武家の「最高位の貴種」であり、大名たちにとっては唯一無二（代替不可能）な存在（頂点）であるとする、当時の思想（常識）のことである。こうし

10　以下、詳細は前掲谷口雄太『中世足利氏の血統と権威』を参照。

足利将軍と鎌倉公方の関係系図

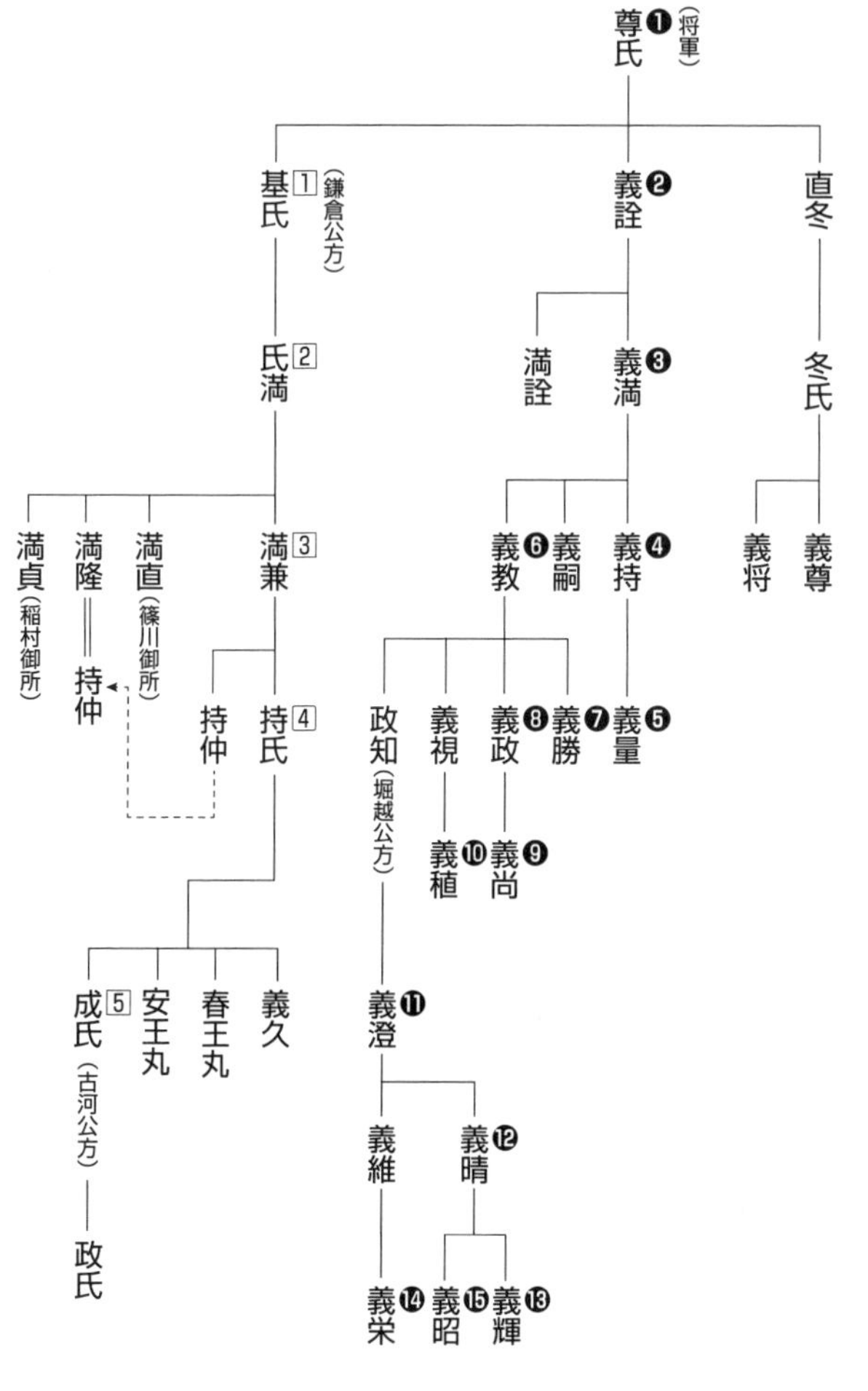

※数字は代数を示す。

た考えは、時間的には室町期に確立されたもので、戦国期にも根深く維持されていた。また、空間的には京都のみならず、全国（東北地方・東国・九州地方）でも広く見られた「常識」である。このように中世後期の日本列島には、足利氏を武家の頂点とする観念が広く存在しており、それ以外の選択肢はありえなかった。

高坂正堯もいうように、常識・価値は我われ（共同体）を結びつける糸であるが、通常、目には見えない。では、歴史上どこで可視化しうるのか。それは、「例外状態」（緊急事態）＝「戦時」である。

例えば、室町期の西国では、大内義弘《よしひろ》が第三代将軍の足利義満《よしみつ》に対して戦争を仕掛けたが（「応永《おうえい》の乱」。一三九九年）、このとき第三代鎌倉公方《くぼう》である足利満兼《みつかね》を擁立して、自らはそれを支える構えをとっていた。要するに、大内氏はあくまでも「不義」をなす将軍個人（義満）を更迭《てつ》する戦争であると宣言しており、足利氏を頂点とする秩序そのものへの反逆などではなかったのである。

これは、その後、東国で第四代鎌倉公方である足利持氏《もちうじ》と補佐役の関東管領《かんれい》であった上杉禅《ぜん》秀《しゅう》とのあいだで生じた争い「上杉禅秀の乱」（一四一六年）でも同じであった。上杉氏はあくまでも、不善をなす鎌倉公方個人（持氏）を追放する戦争と言明し、それに替わる公方として、持氏の叔父である足利満隆《みつたか》と満隆の養子で持氏の実弟である足利持仲《もちなか》を擁立・補佐する構えをとった。

また、その後、第六代将軍の足利義教《よしのり》を暗殺した西国の有力大名である赤松満祐《みつすけ》の場合も同様であった（「嘉吉《かきつ》の乱」。一四四一年）。赤松氏は播磨《はりま》国へ帰国後、新将軍に足利尊氏《たかうじ》の庶子である直冬《ただふゆ》の末裔《まつえい》にあたる義尊《よしたか》を擁立し、自身はそれを支える構えをとっていた。

こうした状況は、戦国期になっても変わらなかった。

「応仁・文明の乱」（一四六七〜七七年）で幕府は分裂したが、東西両軍はともに足利氏を将軍（東軍は義政《よしまさ》、西軍は義視《よしみ》）として擁立している。その後、有力大名で管領の細川政元《まさもと》は、第十代将軍の足利義材《よしき》（義稙《よしたね》）を「明応《めいおう》の政変」（一四九三年）によって更迭したが、それに替わる第十一代将軍として足利義澄《よしずみ》を擁立・補佐した。

また、その後、今度は有力西国大名の大内義興《よしおき》が足利義澄を追放し、前将軍の義材を擁立・補佐した。その後、織田信長も義昭を第十五将軍として擁立し上洛《じょうらく》、足利氏の天下を支えた。このほかにも三好《みよし》氏など類例はあるが、煩雑になりすぎるため、ここでやめる。

要するに、武士たちにとって〝足利氏の天下〟は、もはや自明・前提なのであり、問題はその下で誰が補佐するのか（覇権を掌握するのか）でしかなかった。

こうした問題は、西国（京都）だけではなく、東国（鎌倉）でもしかりで、上杉氏や北条氏などの大名たちは、関東足利氏を自らの公方《くぼう》に擁立し、下総《しもうさ》国古河《こが》などから鎌倉へお帰り願うことを大義名分（至上命題）として動いていた。ゆえに、甲斐《かい》国の武田氏（武田信玄）も、関東へ進軍する際には、公方（足利氏）の鎌倉帰還をお助けすることを大義名分として戦ったのである。
なお、有力大名・武士が擁立した足利氏には、幼年者や出家した僧侶もいたので、将軍や公方個人に特別な政治・軍事能力は求められていなかった。何よりも足利氏という存在・血統自体が重要だったわけだ。

このように、中世後期の武士たちにとって、足利氏の天下・秩序は自明であり、それを疑問視する者などはいなかった。そして、足利氏を頂点にその血を引く人びと（足利氏の一族）もまた、皆こぞって別格の家々とみなされた。**足利の血統を有する者を貴種として社会的な上位とする当時の思想・秩序**のことを、筆者は**「足利的秩序」**と呼んでいる（『中世足利氏の血統と権威』）。

要するに、足利氏を頂点としてその血を引く者を貴種とする価値観（世界観）を、全国の武士は共有しており、足利氏＝「武家の王」との考えは、疑う余地のない前提だったのである。そのような「共通価値」を持つ列島社会であったからこそ、戦国期にどれほどその「力」を失おうとも、足利氏が天下に君臨することそれ自体は、微動だにしなかった。「貴種・足利氏の存在感」、それは「列島を統合する核」として中世後期の日本において重要な役割を果たしていたのである。

「共通利益」と「共通価値」を統合していた足利将軍

以上、戦国期に大名たちが「力」なき足利将軍を滅ぼさなかった理由を、「利益」と「価値」の観点から読み解いてみた。

前者はすでにいる将軍の共用、後者は足利氏の擁立そのものに関わる議論であり、前者は「合理性」、後者は「感情・感性」にまつわる話でもある。前者を主張する山田康弘による、大名が将軍を利用する姿は、「主権国家」が「国際連合」を活用する近現代世界のイメージと重なり、後者を提唱する筆者による、武家が足利氏を支持する姿は、「国王」（地域の戦国大名）が「皇帝」（象徴）と共存する前近代西欧のイメージと重なる（これは戦国日本を見た西欧人宣教師の記録とも合致している）。

また、前者は将軍（役職）から、後者は足利氏（血統）からの分析で、前者は京都の室町将軍のみ、後者は将軍・公方に加えその子弟や足利一門全体も含めた立論である。

このように、両者のあいだには微妙な分岐も存在しているが、「利益」（共通利益）と「価値」（共通価値）のふたつの視点は相互補完的に共在しており、いずれかが排斥されるというわけではない。分裂する「いくつもの日本」を統合する「ひとつの日本」、その中心には将軍（公方）・

足利氏がいて、その求心力は「利益」と「価値」の両面から説明されるということである。

他方、依然謎も多い。例えば前者についていえば、大名が内外の問題を解決する場合、将軍だけが利用の対象であったわけではない。第三の勢力（中人《ちゅうにん》。大名・国人《こくじん》など仲立ちする者）や天皇（朝廷）などもその依頼先として存在していたわけである。[11] そうしたなかで、なぜ将軍（幕府）が選択されたのか、その説明が必要だ。また、「利益」の議論の前提に「価値」の話が入り込んでしまっているのも問題である。

対して後者についていえば、武家に浸透していたはずの「足利的秩序」は、なぜ結果的に崩壊してしまったのか、その説明が必要である。

この点、大名たちが「足利的秩序」を自ら再生産している主体であった以上、既存の「下剋《げこく》上《じょう》」論（「下からの革命」仮説）では説明不可能である。「足利的秩序」のなかにいるかぎり、いつまでたっても足利氏を擁立せざるをえない。

これに対して筆者は、むしろ将軍自身が「足利的秩序」を血統主義から実力主義へと漸次《ぜんじ》変革していったという、「上からの改革」仮説から説明可能ではないかと考えている。

だが、この点については紙幅の関係で本書では詳述できないので、拙著『中世足利氏の血統と権威』（吉川弘文館、二〇一九年）と近著『〈武家の王〉足利氏—戦国大名と足利的秩序』を参照していただければ幸いである。

天皇の存在も「価値」から考える

最後に、「中世における天皇」の存在について触れておきたい。

例えば、筆者の研究領域で見てみると、関東足利氏（鎌倉公方）が「京都・鎌倉の御両殿は天子の御代官」（十五世紀中葉に成立した、鎌倉府の行事・儀礼の先例を記録した故実書『鎌倉年中行事』）と語っていたように、将軍・公方の上位に天子、すなわち、天皇がいたことを足利氏が意識していたことが確認できる。

足利将軍が「列島を統合する核」であるとするならば、天皇はその「内核」にあたるだけに（当然、天皇の存在は中世にかぎったことではないが）、将軍同様、「ひとつの日本」の中心にいたことは明らかである。この点、天皇研究は古典的なものから最新のものまで膨大に存在する。その中身も、「伝統的権威の概念」に切り込もうとするもの、「公武の相互補完的・一体的関係」を強調するもの、「訴訟調停機関としての役割」に具体的にメスを入れていくものなど、じつに多彩である。

11 神田裕理『朝廷の戦国時代—武家と公家の駆け引き』（吉川弘文館、二〇一九年）

筆者は戦国期の将軍研究と同様に、天皇研究も「利益」と「価値」、とりわけ「価値」からの整理・分析・解明が重要ではないかと考えている。

膨大な天皇研究のなかで、「価値」（権威）からの議論については、戦前以来、多くの研究が存在する。一九八〇年代以降、とくに昭和天皇の崩御《ほうぎょ》（一九八九年）前後には、例えば中世史家の網野善彦《あみのよしひこ》（一九二八〜二〇〇四）や民俗学者の赤坂憲雄（一九五三〜）らが、天皇の儀礼（大嘗祭《だいじょうさい》など）や、人びとが自らの系譜を天皇と関係づけていることに注目し、天皇の「聖性」や「血統観念」について踏みこんだ議論を展開していた。[12]

例えば一九八〇年代中葉には、網野の『異形の王権』（イメージリーディング叢書、平凡社、一九八六年）が刊行され、南朝の頭目である後醍醐《ごだいご》天皇の求心力を、密教を修するその「異形性」に注目するなどして多くの一般読者が関心を持った。また、この頃、赤坂は『王と天皇』（ちくまライブラリー、一九八八年）と『象徴天皇という物語』（同、一九九〇年）を相次いで刊行した。前者では、人類学をもとに王権の起源・系譜・宗教的な威力を説き起こし、そして幼童天皇に注目することで、天皇の聖性・霊性にまで言及する。後者では、前者を踏まえて象徴天皇制と大嘗祭に焦点を定め、坂口安吾《さかぐちあんご》、津田左右吉《つだそうきち》、和辻哲郎《わつじてつろう》、石井良助《いしいりょうすけ》、三島由紀夫《みしまゆきお》、柳田國男、折口《おりくち》信夫《しのぶ》などの論から、象徴天皇の根源に迫ろうとしている。

また最近、この二著をとおして赤坂の「天皇論」に触れた臨床心理学の長山恵一（一九五一〜）

は、

①天皇制にとって、歴史的な唯一の不変項は、天皇が世襲的な祭儀をつうじて、つねに不可視の呪術宗教的な威力の源泉でありえたこと↓「宗教としての天皇制」

②権威の源泉としての天皇と、政治的権力を掌握した集団・勢力との共同支配が、その形態は時代によって変化しながらも存続してきた↓「二重王権としての天皇制」

と整理している。統合する「核」としての天皇の役割を検証するうえで、歴史学にとっても示唆的な指摘である。[13]

12　色川大吉・網野善彦・安丸良夫・赤坂憲雄『天皇制―歴史・王権・大嘗祭』（『別冊文藝』5、河出書房新社、一九九〇年）、水野智之『室町時代公武関係の研究』（吉川弘文館、二〇〇五年）

13　長山恵一「「精神構造」論としての天皇制―赤坂憲雄の天皇制論の整理・検証を通して」（『現代福祉研究』一六、二〇一六年）

一九九〇～二〇〇〇年代にかけて盛りあがる天皇研究

昭和の代替わり当時、中世史の村井章介（一九四九～）は、『史学雑誌』（一九九一年五月号、山川出版社）の「一九九〇年の歴史学界―回顧と展望」のなかで、昭和天皇の死、改元、大嘗祭にいたる一連の代替わり儀式が行われたことが、「天皇制の持続力の秘密についての歴史学的な関心を呼びおこした」と記している。

さらに村井は、昭和天皇崩御の翌年に刊行された天皇制に関する出版関係の企画・特集のなかで、色川大吉・網野善彦・安丸良夫《やすまるよしお》・赤坂憲雄（司会）の討論を掲載した別冊文藝五号『天皇制―歴史・王権・大嘗祭』に触れ、「天皇制を国家統治機構という実体的側面からよりは、社会に潜む権威・秩序指向の構造という幻想過程の側面から捉え、その歴史的根拠に思想史・民俗学・史学史など多様なアプローチを試みている」と評価している。

このように、当時の天皇制や王権研究をたどってみると、いま以上に盛んであったことがわかる。歴史学・民俗学はもちろん、文化人類学、国文学、宗教学、社会学などからも成果が書籍として刊行され、山口昌男《やまぐちまさお》（文化人類学。一九三一～二〇一三）、山折哲雄（宗教史・思想史。一九三一～）、安丸良夫（近代思想史。一九三四～二〇一六）、宮田登《みやたのぼる》（民俗学。一九三六～二〇〇〇）、今谷明（中世史。一九四二〜）などの論客をそろえ、多角的な論議が行われていた。

とくに今谷明は、〝天皇四部作〟[14]といわれる中世から近世初期にかけての天皇論を世に問い、天皇制存続の理由を精力的に求めた。同四部作の執筆経緯について今谷は、作家の松本清張が『文藝春秋』一九八九年三月号で「神格天皇の孤独」を発表し、天皇を超える実力者である武家集団たる権力者たちが、なぜ天皇にならなかったのか、という松本氏の問題提起に何とか応えようとしたと発言している（『武家と天皇』）。

一方で、この頃は、王権研究に関する古典ともいわれる翻訳書の刊行も行われた。王個人が死んでも王位・王冠・王朝は存続するという、王の身体を「自然的身体」と「政治的身体」に分けて分析したユダヤ系歴史家のE・H・カントーロヴィチ『王の二つの身体—中世政治神学研究』（小林公訳、平凡社、一九九二年、原著一九五七年）や、フランス・アナール学派の古典で、王が手かざしで病を治すという俗信から、壮大な政治史を描き出したM・ブロック『王の奇跡—王権の超自然的性格に関する研究／特にフランスとイギリスの場合』（井上泰男他訳、刀水書房、一九九八年、原著一九二四年）などが翻訳されたことは重要である。

14 『室町の王権—足利義満の王権簒奪計画』（中公新書、一九九〇年）、『戦国大名と天皇—室町幕府の解体と王権の逆襲』（福武書店、一九九二年）、『信長と天皇—中世的権威に挑む覇王』（講談社現代新書、一九九二年）、『武家と天皇—王権をめぐる相剋』（岩波新書、一九九三年）

歴史学では、一九九〇年代初めに石上英一・高埜利彦他編『講座・前近代の天皇』（全五巻、青木書店、一九九二〜九五年）が、二〇〇〇年代初めには網野善彦・樺山紘一他編『岩波講座・天皇と王権を考える』（全十巻、岩波書店、二〇〇二〜〇三年）が刊行され、前者は歴史学を中心に天皇権力の構造や社会諸集団との関係、統治の諸機能を主なテーマにしている。後者は日本だけではなく、諸外国・諸地域の王権にも触れ、歴史学だけではなく、文化人類学、社会学、民族学、民俗学、宗教学、文学などの幅広い執筆者が参加し、天皇制との比較研究を可能にしている。

天皇がいまに存続し、将軍がすでに滅亡した理由の解明

このように、一九九〇年代〜二〇〇〇年代初にかけて、研究成果が蓄積・発表されてきたにもかかわらず、筆者はそれらが現在にあまり活かされてはいないように感じられる。

近年の中世史研究ではこうした天皇をめぐる議論について、抽象的だといって安易に斥《しりぞ》けたり、あるいは逆に天皇の伝統的権威を証明抜きに自明視しすぎたりする傾向が研究者のあいだでいささか強いように見受けられる。また、戦国末期頃まで政治や裁判において朝廷機構がそれなりに機能していたことから、天皇を利用することで得られる「利益」にその存続の理由を求める傾向もある。

だが、十九世紀中葉の幕末維新期を経て、現在にいたるまで、なぜ天皇が存続しつづけたのか。また、なぜ南朝・後醍醐天皇の皇子たち（宗良《むねよし》親王や懐良《かねよし》親王など）といった力弱き皇子（天皇の分身）たちが列島の各地で奉戴されつづけたのか。さらに、なぜ出羽《でわ》三山の開祖を蜂子《はちこ》皇子（崇《す》峻《しゅん》天皇皇子）とし、そして、木地師《きじし》の祖を惟喬《これたか》親王（文徳《もんとく》天皇皇子）としたりする伝説や信仰がいまも日本各地に生きつづけているのか（貴種流離譚《きしゅりゅうりたん》）。こうしたことをきちんと説明していくためには、「利益」（利用することで、物理的・即物的なメリットが得られる）という視点以上に、やはり天皇の持つ「価値」の存在こそ、歴史学者として真正面から向き合い、証明・説明していくべき核心的な問題（本丸）であるはずだ。

同時にまた、天皇がいまに存続し、将軍がすでに滅亡した理由（両者の分岐）についても、「価値」の崩壊の有無で説明できるのではないかと想定している。足利氏の場合、生き残りのために、自らの手で一門重視から実力者中心の構造へと徐々に「血統的秩序構造」（血統幻想）を解体していったが、他方、天皇の場合、それに該当するような改革はなかった。とはいえ、この点についても、なお様々な方面から丁寧に検討していく必要があるだろう。

ともあれ、天皇や将軍など貴種の有する「利益」と「価値」、とりわけ「価値」（雅俗）の問題は、日本の「統合する核」を考えるうえでも避けて通れない課題であり、天皇を「象徴」として戴《いただ》く日本国家の国民として、いまなお挑むべき巨大なテーマである。

終章　歴史から学べることは何か

これからの道行き

本書では、分裂的な「いくつもの日本」が、それでもなお、まがりなりにも統合的な「ひとつの日本」たりえてきたメカニズムを、なんとか説明しようとしてきた。

これまで見てきたように、「いくつもの日本」とは、「東と西」「南と北」「内と外」などの多様な地域であり（第一部）、そして、「朝廷と幕府」「寺社と宗教」「生業と身分」などの多彩な勢力である（第二部）。このように列島社会は極めて分裂的であって、多様なものが自然に統一されている、というような状況はまったく自明ではない。

では、それらはいったいいかなる契機によって、あくまでも「統合的な日本」たりえてきたのか。この問題について、本書は、「都鄙雅俗《とひがぞく》」（柳田國男）、つまり、「首都という場」と「貴種という人」の求心力から回答しようとしたわけである（第三部）。

このふたつのテーマは、決して過去の話ではない。「首都」は東京、「貴種」は天皇に置き換えれば、「求心力」はまさに現在の問題であり、我われの眼前の日常そのものということになる。

それゆえ本書では、日本史（中世史）に関するこれまでの研究史を踏まえながら、これからの道行きも見通そうとした。具体的にいえば、主に一九八〇年代から九〇年代にかけての「地域史・社会史」（網野善彦に代表される時代）から、二〇〇〇年代以降の「国家史・政治史」（ポスト網野の時代）へという流れである。いうまでもなく、現実的な学問の流れは、一方向ではありえない。いつどこで何が起こるか、もはや誰にもわからない以上、学問の多様性は人類の生命線であり、極めて重要な営為である。

しかし同時に、「地域史・社会史」の豊穣な成果を踏まえながらも、今後は「国家史・政治史」を再構築していく必要性を感じる。本書を手に取った読者は、こうした「いくつもの日本」（「地域史・社会史」）と「ひとつの日本」（「国家史・政治史」）、どちらの世界により興味を覚えたであろうか、筆者としては気になるところである。

なお、本書のなかで紹介できたのは、膨大な研究成果のなかの、ほんのわずかなひとかけらにすぎない。また、紙幅の都合、否、それ以上に筆者の能力によって、提示しえた一片ですら不確実なことも多々あると思われる。ここに書かれてあることをしっかりと疑ってみること、自分の力で調べてみることは、とても大切なことである。そのための水先案内人として、多くの出典（書籍や論文など）を書き込んでいるので、ぜひ自らの手でアクセスしていただきたい。必ずや新たな発見があると思う。その際、本書では研究史を重視したため、出典の初出年次を優先的に掲出している。その後、単著・編著・文庫などに再録されたものも少なくないので、適宜、巻末の「参考文献一覧」を確認してほしい。

ひとつの事実、いくつもの解釈

歴史学では、事実（根拠）が何よりも肝心である。それゆえ、事実関係については極力、信頼性が高いと判断された文献や先行研究を紹介することに努めた。むろん、本書は筆者の守備範囲を超えている部分も少なくないため、調査が足りていない箇所も多々あると思う。この点、読者諸賢からのご叱正・ご教授をお願いできれば幸いである。

ともあれ、事実に基づいた発言をすること、一歩立ち止まって相手の発言・主張の根拠（エビデンス）を確認することは、リアルとフェイクが複雑・巧妙に交錯する現代社会を生き抜いていくうえで、必ずや求められるスキルであろう。筆者は、歴史学の価値のひとつはこのあたりにもあると思っている。

他方、事実はひとつでも（じつは、このひとつの事実を確定する行為は極めて重要であり、同時に、非常に難しい）、解釈が分かれるのが一般的である。別の視角から切り込み、既存の死角を突くことは、議論を深めていくうえでも重要な作業だ。

本書で見た「東国国家論」と「権門体制論」（第四章）、「鎌倉仏教論」と「顕密仏教論」（第五章）、「農業民論」と「非農業民論」（第六章）、「方言区画論」と「方言周圏論」（第七章）など、日本について考え抜いてきた〝知の巨人たち〟の熱き論争は、いずれもその一例である。

それらの多くは、どちらかが誤っているわけではなく、どちらも成り立ちうるのであり、反対意見や他の可能性を想定しておくことが大切である。結果それは、唯一解のない世界でいかに話の合意点を見いだしていくか、相手を合理的に説得していくか、の訓練ともなる。筆者が思う歴史学の価値のもうひとつは、このあたりにもありそうだ。

「新しい中世」に進みつつあるそのなかで

このように、眼前の事実そのものに戦慄することもあれば、異なる他者との対話のための訓練にも多少は期待ができるなど、歴史学の価値は、それこそいくつもあると思う。最後に、いま歴史のなかでも、とりわけ中世を眺めることの意義（私見）について考えつつ、擱筆《かくひつ》していきたい。

序章でも述べたように、ポスト近代に突入しつつある現代の世界は、「新しい中世」とも称される。一元的な近代から、多元的な現代（「新しい中世」）へ、という理解である。その根底にあるのは、歴史とは原始から現代へと直線的・一直線に発展していくものではなく、多様と統一が、波のように押し寄せ、揺り戻されたりする、という見方である。そうであればこそ、「かつて実在した中世」（多元的な世界）は、現在とは無関係な「遠き過去」などではありえず、我われが経験してきた「近き先例」とならざるをえない。

他方、近代が完全に過ぎ去ったというわけでもない。いわば現代とは、すでに近代でもなければ、いまだ全き「新しい中世」でもない、中世と近代の両方の性格を具有する時代ということになるのではないか。であれば、近代的思考（現在の常識）に加えて、中世的思考（現在の非常識、中世の常識）に多少なりとも親しんでおいても損はないと思う。

本書執筆の途中（二〇二〇〜二一年）、世界情勢は、新型コロナウイルス感染症の拡大によって日に日にじわじわと変化していった。パンデミックにともなう世界各地の都市封鎖、日本の緊急事態宣言の発令（複数回）など、現在も将来を見通せないでいる。同時に、米中対立や日本国内の「国―地方関係」など、国際・国内情勢も多極化・不安定化している。気候変動による激甚災害もやまず、時代は徐々に「新しい中世」の相を呈しているように映る。

このように、現状は先行き不透明で、予測不可能な時代に突入しつつある。世界・日本が「分裂・統合」のあいだで揺れているいま、我われには何ができるのか、また、何をなすべきか。このあたり、わたしたちが過去の経験＝歴史から学べることは少なくないはずである。

参考文献一覧

※各章、氏名の五十音順に掲載。一部、その後の文庫化・新装版化、論文が所収された書籍の情報を矢印で示した。

序章

赤坂憲雄『東西／南北考—いくつもの日本へ』（岩波新書、二〇〇〇年）
赤坂憲雄ほか編『シリーズいくつもの日本』全七巻（①『日本を問いなおす』／②『あらたな歴史へ』／③『人とモノと道と』／④『さまざまな生業』／⑤『排除の時空を超えて』／⑥『女の領域・男の領域』／⑦『神々のいる風景』、岩波書店、二〇〇二〜〇三年）
網野善彦『東と西の語る日本の歴史』（そしえて、一九八二年）→講談社学術文庫（一九九八年）
同『「日本」とは何か』（『日本の歴史』第00巻、講談社、二〇〇〇年）→講談社学術文庫（二〇〇八年）
石井進「中世社会論」（『岩波講座日本歴史』八〈中世四〉、岩波書店、一九七六年）→同『中世史を考える—社会論・史料論・都市論』（校倉書房、一九九一年）
小熊英二『単一民族神話の起源—〈日本人〉の自画像の系譜』（新曜社、一九九五年）
樺山紘一・田中明彦「「中世」を読み直す楽しみ—「暗黒の中世」から「新しい中世」へ」（『中央公論』二〇〇二年四月号）
黒田俊雄「中世における地域と国家と国王」（『歴史科学』一〇九、一九八七年）→同『日本中世の社会と宗教』（岩波書店、一九九〇年）
呉座勇一『一揆の原理—日本中世の一揆から現代のSNSまで』（洋泉社、二〇一二年）→ちくま学芸文庫（二〇一五年）
小坂井敏晶『民族という虚構』（東京大学出版会、二〇〇二年）→『増補 民族という虚構』（ちくま学芸文庫、二〇一一年）
桜井英治「中世史への招待」（『岩波講座日本歴史』六〈中世一〉、岩波書店、二〇一三年）
同「文庫解説」（網野善彦・石井進・笠松宏至・勝俣鎮夫『中世の罪と罰』講談社学術文庫、二〇一九年。初出一九八三年）
佐藤雄基「日本中世史は何の役に立つのか—史学史的考察と個人的覚書」（『史苑』七九—二、二〇一九年）
鈴木國弘「「新しい中世」の時代の到来と歴史学的対応の試み—今後の自力救済論のあり方に関する試論」（『史叢』八二、二〇一〇年）
高橋典幸「中世史総論」（高橋典幸・五味文彦編『中世史講義—院政期から戦国時代まで』ちくま新書、二〇一九年）
田中明彦『新しい「中世」—二一世紀の世界システム』（日本経済新聞社、一九九六年）→『新しい中世—相互依存の世界システム』（講談社学術文庫、二〇一七年）

永井隆之・片岡耕平・渡邉俊編『日本中世のNATION』全三巻（①『統合の契機とその構造』／②『検証 網野善彦の歴史学』／③『カミと王の呪縛』、岩田書院、二〇〇七〜一三年）
永池健二「〈日本〉という命題―柳田国男・「一国民俗学」の射程」（柳田国男研究会編『柳田国男・主題としての「日本」』柳田国男研究⑥、梟社、二〇〇九年）
永原慶二『20世紀日本の歴史学』（吉川弘文館、二〇〇三年）
東島誠『自由にしてケシカラン人々の世紀』（講談社選書メチエ、二〇一〇年）
ヘドリー・ブル著、臼杵英一訳『国際社会論―アナーキカル・ソサイエティ』（岩波書店、二〇〇〇年、原著一九七七年）
室井康成「重出立証法の可能性―福田アジオ理論の誤謬的受容とその影響に関連させて」（柳田国男研究会編『柳田国男以後・民俗学の再生に向けて―アカデミズムと野の学の緊張』柳田国男研究⑧、梟社、二〇一九年）

第一章　東と西

跡部信「新発見の書状が語る「大坂幕府構想」」（『歴史街道』三七一、二〇一九年）
網野善彦『東と西の語る日本の歴史』＊前掲
池享・鈴木哲雄企画編集『動乱の東国史』シリーズ全七巻（①鈴木哲雄『平将門と東国武士団』／②高橋一樹『東国武士団と鎌倉幕府』／③湯浅治久『蒙古合戦と鎌倉幕府の滅亡』／④櫻井彦『南北朝内乱と東国』／⑤小国浩寿『鎌倉府と室町幕府』／⑥則竹雄一『古河公方と伊勢宗瑞』／⑦池享『東国の戦国争乱と織豊権力』（吉川弘文館、二〇一二〜一三年）
石井良助『大化改新と鎌倉幕府の成立』（創文社、一九五八年）
植田真平『鎌倉府の支配と権力』（校倉書房、二〇一八年）
大野晋他『東日本と西日本』（日本エディタースクール出版部、一九八一年）↓洋泉社MC新書（二〇〇六年）
大林太良『東と西 海と山―日本の文化領域』（小学館、一九九〇年）↓小学館ライブラリー（一九九六年）
岡部精一『東京奠都の真相』（仁友社、一九一七年）
小野正敏・五味文彦・萩原三雄編『中世の系譜―東と西、北と南の世界』（高志書院、二〇〇四年）
川岡勉『室町幕府と守護権力』（吉川弘文館、二〇〇二年）
川岡勉編『中世の西国と東国―権力から探る地域的特性』（戎光祥出版、二〇一四年）

木崎愛吉『大阪遷都論』(私家版、一九一八年)
佐藤進一「武家政権について」(『弘前大学國史研究』六四・六五、一九七六年)→同『日本中世史論集』(岩波書店、一九九〇年)
佐藤博信『古河公方足利氏の研究』(校倉書房、一九八九年)
杉山一弥『室町幕府の東国政策』(思文閣出版、二〇一四年)
杉山一弥編著『図説 鎌倉府―構造・権力・合戦』(戎光祥出版、二〇一九年)
高橋富雄『日本史の東と西』(創元新書、一九七二年)
田辺久子『関東公方足利氏四代―基氏・氏満・満兼・持氏』(吉川弘文館、二〇〇二年)
谷口雄太「京都足利氏と水無瀬神宮―転換点としての永享の乱」(佐藤博信編『中世東国の社会と文化』岩田書院、二〇一六年)
坪井洋文『イモと日本人―民俗文化論の課題』(未來社、一九七九年)
長村祥知「承久の乱における一族の分裂と同心」(『鎌倉』一一〇、二〇一〇年)
人間文化研究機構監修「特集　日本文化の東と西」『HUMAN』8号(平凡社、二〇一六年)
林屋辰三郎『日本文化の東と西』(講談社現代新書、一九七四年)
福田アジオ『番と衆―日本社会の東と西』(吉川弘文館、一九九七年)
藤田達生「徳川公儀の形成と挫折―新出小堀遠州書状を素材として」(『織豊期研究』二一、二〇一九年)
峰岸純夫『享徳の乱―中世東国の「三十年戦争」』(講談社選書メチエ、二〇一七年)
三春充希『武器としての世論調査―社会をとらえ、未来を変える』(ちくま新書、二〇一九年)
宮本又次『関西と関東』(青蛙房、一九六六年)→文春学藝ライブラリー(二〇一四年)
村井章介「書評　佐藤進一著『日本の中世国家』」(『史学雑誌』九三―四、一九八四年)
安室知『餅と日本人―「餅正月」と「餅なし正月」の民俗文化論』(雄山閣出版、一九九九年)→同前タイトルで「シリーズ読みなおす日本史」吉川弘文館、二〇二〇年)

第二章　南と北

赤坂憲雄『東西/南北考―いくつもの日本へ』＊前掲
石垣悟「「来訪神」行事をめぐる民俗学的研究とその可能性」(保坂達雄・福原敏男・石垣悟『来訪神―仮面・仮装の神々』岩田書院、二

〇一八年）
入間田宣夫監修『講座東北の歴史』全六巻（①『争いと人の移動』／②『都市と村』／③『境界と自他の認識』／④『交流と環境』／⑤『信仰と芸能』／⑥『生と死』、清文堂出版、二〇一二～一四年）
大石直正「外が浜・夷島考」（関晃教授還暦記念会編『日本古代史研究』吉川弘文館、一九八〇年）
大宅壮一「九州イデオロギーの群像」（『文藝春秋』一九五六年五月号）→同『日本の裏街道を行く』（文藝春秋新社、一九五七年）
折口信夫「國文學の發生（第三稿）」（『古代研究』二〈国文学篇〉、大岡山書店、一九二九年）
同「大嘗祭の本義」（『古代研究』一〈民俗学篇二〉、大岡山書店、一九三〇年）
木下聡「中世における誕生日」（『日本歴史』八〇四、二〇一五年）
高橋富雄「書評・網野善彦著『東と西の語る日本の歴史』」（『日本史研究』二四八、一九八三年）
同『もう一つの日本史—ベールをぬいだ縄文の国』（徳間書店、一九九一年）
七海雅人「鎌倉時代東北史への招待」（同編『鎌倉幕府と東北』吉川弘文館、二〇一五年）
肥前千葉氏調査委員会編『中世肥前千葉氏の足跡—小京都小城の源流』（佐賀県小城市教育委員会、二〇一一年）
三浦龍昭『征西将軍府の研究』（青史出版、二〇〇九年）
村井章介「中世日本列島の地域空間と国家」（『思想』七三二、一九八五年）→同『アジアのなかの中世日本』（校倉書房、一九八八年）
同「征西府権力の性格」（同『アジアのなかの中世日本』校倉書房、一九八八年）
室井康成「『遠野物語』をめぐる〝神話〟の構築過程—その民俗学史的評価へ向けての予備的考察」（『総研大文化科学研究』四、二〇〇八年）
森茂暁『懐良親王—日にそへてのかれんとのみ思ふ身に』（ミネルヴァ書房、二〇一九年）
柳原敏昭『中世日本の周縁と東アジア』（吉川弘文館、二〇一一年）

第三章　内と外

阿部恒久『「裏日本」はいかにつくられたか』（日本経済評論社、一九九七年）
石井進『中世のかたち』（「日本の中世」1、中央公論新社、二〇〇二年）
石原俊『硫黄島—国策に翻弄された130年』（中公新書、二〇一九年）

伊波普猷『古琉球』（沖縄公論社、一九一一年）→岩波文庫（二〇〇〇年）
入間田宣夫・豊見山和行『北の平泉、南の琉球』（「日本の中世」5、中央公論新社、二〇〇二年）
榎森進『アイヌ民族の歴史』（草風館、二〇〇七年）
大石直正「外が浜・夷島考」＊前掲
大石直正・高良倉吉・高橋公明『周縁から見た中世日本』（「日本の歴史」14、講談社、二〇〇一年）→講談社学術文庫（二〇〇九年）
海保嶺夫『中世の蝦夷地』（吉川弘文館、一九八七年）
菊池勇夫編『蝦夷島と北方世界』（「日本の時代史」19、吉川弘文館、二〇〇三年）
斉藤光政『偽書「東日流外三郡誌」事件』（新人物往来社、二〇〇六年）→同『戦後最大の偽書事件「東日流外三郡誌」』（集英社文庫、二〇一九年）
瀬川拓郎『アイヌの歴史—海と宝のノマド』（講談社選書メチエ、二〇〇七年）
高梨修『ヤコウガイの考古学』（同成社、二〇〇五年）
高良倉吉『琉球の時代—大いなる歴史像を求めて』（筑摩書房、一九八〇年）→ちくま学芸文庫（二〇一二年）
竹田和夫編『古代・中世の境界意識と文化交流』（勉誠出版、二〇一一年）
谷川健一『甦る海上の道—日本と琉球』（文春新書、二〇〇七年）
豊見山和行編『琉球・沖縄史の世界』（「日本の時代史」18、吉川弘文館、二〇〇三年）
永山修一「キカイガシマ・イオウガシマ考」（笹山晴生先生還暦記念会編『日本律令制論集』下、吉川弘文館、一九九三年）
新名一仁『室町期島津氏領国の政治構造』（戎光祥出版、二〇一五年）
長谷川成一「津軽十三湊から見た中世より近世への転換—十三湊をめぐる諸問題」（同『近世国家と東北大名』吉川弘文館、一九九八年）
福寛美『喜界島・鬼の海域—キカイガシマ考』（新典社新書、二〇〇八年）
藤原明『日本の偽書』（文春新書、二〇〇四年）→河出文庫（二〇一九年）
古厩忠夫『裏日本—近代日本を問いなおす』（岩波新書、一九九七年）
村井章介「中世日本列島の地域空間と国家」＊前掲
同『境界をまたぐ人びと』（「日本史リブレット」、山川出版社、二〇〇六年）
同『日本中世境界史論』（岩波書店、二〇一三年）

同『境界史の構想』（敬文舎、二〇一四年）
同『古琉球—海洋アジアの輝ける王国』（角川選書、二〇一九年）
柳原敏昭『中世日本の周縁と東アジア』＊前掲
山内晋次『日宋貿易と「硫黄の道」』（「日本史リブレット」、山川出版社、二〇〇九年）
吉成直樹・福寛美『琉球王国誕生—奄美諸島史から』（森話社、二〇〇七年）
吉成直樹・高梨修・池田榮史『琉球史を問い直す—古琉球時代論』（森話社、二〇一五年）

第四章　朝廷と幕府

網野善彦『東と西の語る日本の歴史』＊前掲
石井進『鎌倉幕府』（「日本の歴史」7、中央公論社、一九六五年）→中公文庫（二〇〇四年、改版）
川合康『鎌倉幕府成立史の研究』（校倉書房、二〇〇四年）
同『院政期武士社会と鎌倉幕府』（吉川弘文館、二〇一九年）
黒田俊雄「中世の国家と天皇」（『岩波講座日本歴史』六〈中世二〉、岩波書店、一九六三年）→同『日本中世の国家と宗教』（岩波書店、一九七五年）
同「鎌倉幕府論覚書」（『日本史研究』七〇、一九六四年）→同『日本中世の国家と宗教』（岩波書店、一九七五年）
同「中世における地域と国家と国王」（『歴史科学』一〇九、一九八七年）→同『日本中世の社会と宗教』（＊前掲）
五味文彦『京・鎌倉の王権』（「日本の時代史」8、吉川弘文館、二〇〇三年）
桜井英治「中世史への招待」＊前掲
櫻井陽子「頼朝の征夷大将軍任官をめぐって—『三槐荒涼抜書要』の翻刻と紹介」（『明月記研究』九、二〇〇四年）
佐藤進一『鎌倉幕府訴訟制度の研究』（畝傍書房、一九四三年）→岩波書店（一九九三年、再刊）
同『幕府論』（中央公論社、一九四九年）→同『日本中世史論集』（岩波書店、一九九〇年）
同「武家政権について」＊前掲
同『日本の中世国家』（岩波書店、一九八三年）→岩波文庫（二〇二〇年）
下村周太郎「「将軍」と「大将軍」—源頼朝の征夷大将軍任官とその周辺」（『歴史評論』六九八、二〇〇八年）

本郷恵子『京・鎌倉ふたつの王権』(「日本の歴史」6、小学館、二〇〇八年)

第五章　寺社と宗教

安藤弥『戦国期宗教勢力史論』(法藏館、二〇一九年)
石田浩子「中世寺院と顕密体制を考える」(秋山哲雄・田中大喜・野口華世編『日本中世史入門―論文を書こう』勉誠出版、二〇一四年)
　↓同(二〇二一年、増補改訂新版)
大田壮一郎『室町幕府の政治と宗教』(塙書房、二〇一四年)
河内将芳『戦国仏教と京都―法華宗・日蓮宗を中心に』(法藏館、二〇一九年)
神田千里『島原の乱―キリシタン信仰と武装蜂起』(中公新書、二〇〇五年)
同『宗教で読む戦国時代』(講談社選書メチエ、二〇一〇年)
黒田俊雄「中世における顕密体制の展開」(同『日本中世の国家と宗教』＊前掲)
圭室文雄『神仏分離』(教育社歴史新書、一九七七年)
貫達人『鶴岡八幡宮寺―鎌倉の廃寺』(有隣新書、一九九六年)
原田正俊『日本中世の禅宗と社会』(吉川弘文館、一九九八年)
佛教史学会編『仏教史研究ハンドブック』(法藏館、二〇一七年)
松尾剛次『鎌倉新仏教の成立―入門儀礼と祖師神話』(吉川弘文館、一九八八年)↓同(吉川弘文館、一九九八年、新版)
同『鎌倉新仏教の誕生―勧進・穢れ・破戒の中世』(講談社現代新書、一九九五年)
同『忍性―慈悲ニ過ギタ』(ミネルヴァ書房、二〇〇四年)
安丸良夫『神々の明治維新―神仏分離と廃仏毀釈』(岩波新書、一九七九年)
湯浅治久『戦国仏教―中世社会と日蓮宗』(中公新書、二〇〇九年)↓同前タイトルで「読みなおす日本史」(吉川弘文館、二〇二〇年)

第六章　生業と身分

網野善彦『異形の王権』(平凡社イメージ・リーディング叢書、一九八六年)↓平凡社ライブラリー(一九九三年)
同『職人歌合』(岩波セミナーブックス、一九九二年)↓平凡社ライブラリー(二〇一二年)

同『日本中世の百姓と職能民』（平凡社選書、一九九八年）↓平凡社ライブラリー（二〇〇三年）
同『「日本」とは何か』　＊前掲
同『歴史と出会う』（洋泉社新書y、二〇〇〇年）
同『『忘れられた日本人』を読む』（岩波セミナーブックス、二〇〇三年）↓岩波現代文庫（二〇一三年）
同「博奕」（網野善彦・石井進・笠松宏至・勝俣鎮夫『中世の罪と罰』東京大学出版会、一九八三年）↓講談社学術文庫（二〇一九年）
同「非農業民について」（同『日本中世の非農業民と天皇』岩波書店、一九八四年）
岩崎佳枝『職人歌合―中世の職人群像』（平凡社選書、一九八七年）
木村茂光『ハタケと日本人―もう一つの農耕文化』（中公新書、一九九六年）
桜井英治「非農業民と中世経済の理解」（『年報中世史研究』三二、二〇〇七年）
同「解説」（『網野善彦著作集』七、岩波書店、二〇〇八年）
白水智『知られざる日本―山村の語る歴史世界』（NHKブックス、二〇〇五年）
同「非農業民と網野史学」（『神奈川大学評論』五三、二〇〇六年）
春田直紀『日本中世生業史論』（岩波書店、二〇一八年）
盛本昌広「解説」（『網野善彦著作集』九、岩波書店、二〇〇八年）
安室知『日本民俗生業論』（慶友社、二〇一二年）

第七章　分裂と統合

赤坂憲雄『東西／南北考―いくつもの日本へ』　＊前掲
同『一国民俗学を越えて』（五柳書院、二〇〇二年）
同『追悼記録　網野善彦』（洋泉社新書y、二〇〇六年）
同『民俗学と歴史学―網野善彦、アラン・コルバンとの対話』（藤原書店、二〇〇七年）
網野善彦『『忘れられた日本人』を読む』　＊前掲
網野善彦・宮田登・福田アジオ編『歴史学と民俗学』（吉川弘文館、一九九二年）
石井進「中世社会論」　＊前掲

石井進・網野善彦「歴博対談　新しい歴史像への挑戦」（『歴博』七一、一九九五年）
市村高男「科学運動と地域史認識」（歴史科学協議会編『歴史学が挑んだ課題―継承と展開の五〇年』大月書店、二〇一七年）
大谷高一「出版にいたるいきさつ」（宮本常一『日本文化の形成―遺稿』そしえて、一九八一年）
大野晋他『東日本と西日本』＊前掲
川田順造・赤坂憲雄・福田アジオ「『遠野物語』一〇〇年と日本人―民俗学・歴史学・文化人類学から」（『神奈川大学評論』六六、二〇一〇年）
桜井英治「「網野史学」と中世国家の理解」（小路田泰直編『網野史学の越え方―新しい歴史像を求めて』ゆまに書房、二〇〇三年）
同「中世史への招待」＊前掲
篠原徹・福田アジオ「特別インタビュー　歴史学者石井進氏に柳田国男について聞く」（『伊那民俗研究』二二、柳田國男記念伊那民俗学研究所、二〇一四年）
清水克行「習俗論としての社会史」（中世後期研究会編『室町・戦国期研究を読みなおす』思文閣出版、二〇〇七年）
田中克彦『ことばと国家』（岩波新書、一九八一年）
谷川健一『柳田民俗学存疑―稲作一元論批判』（冨山房インターナショナル、二〇一四年）
谷川健一・山折哲雄・赤坂憲雄「座談会　歴史と民俗のあいだ―網野史学をどう評価するか」（『季刊東北学』一、東北芸術工科大学東北文化研究センター、二〇〇四年）
東条操『国語の方言区画』大日本方言地図・付（育英書院、一九二七年）
同「方言周圏論と方言区画論」（『国語学』四、一九五〇年）
東条操編『日本方言学』（吉川弘文館、一九五四年）
中沢新一・赤坂憲雄『網野善彦を継ぐ。』（講談社、二〇〇四年）
平野啓一郎『私とは何か―「個人」から「分人」へ』（講談社現代新書、二〇一二年）
福田アジオ『日本民俗学方法序説―柳田国男と民俗学』（弘文堂、一九八四年）
同『番と衆―日本社会の東と西』＊前掲
同「民俗学と歴史学をつなぐもの―網野善彦の功績」（『神奈川大学評論』五三、二〇〇六年）
同『現代日本の民俗学―ポスト柳田の五〇年』（吉川弘文館、二〇一三年）

同『民俗学のこれまでとこれから』（岩田書院、二〇一四年）
松本修『全国アホバカ分布考—はるかなる言葉の旅路』（太田出版、一九九三年）→新潮文庫（一九九六年）
宮本常一『忘れられた日本人』（未來社、一九六〇年）→岩波文庫（一九八四年）
村井章介「国家を超える視覚—日本中世史の立場から」（『朝鮮史研究会論文集』二六、一九八九年）
同「中世日本列島の地域空間と国家」（『思想』七三二、一九八五年）→同『アジアのなかの中世日本』（校倉書房、一九八八年）
安室知「蝸牛と魚—周圏論の図化をめぐって、柳田国男と渋沢敬三」（『日本民俗学』二八八、二〇一六年）
同「柳田国男が描く日本地図—消される北海道、揺れる沖縄」（『歴史と民俗』三四、平凡社、二〇一八年）
柳田国男『蝸牛考』（刀江書院、一九三〇年）→岩波文庫（一九八〇年）
同『民間伝承論』（共立社、一九三四年）
同「赤とんぼの話」（『赤とんぼ』二巻六号、実業之日本社、一九四七年）
山影進「関係—「地域」を超えて「世界」へ」（小林康夫・船曳建夫編『知の技法—東京大学教養学部「基礎演習」テキスト』東京大学出版会、一九九四年）
米山俊直『小盆地宇宙と日本文化』（岩波書店、一九八九年）
「座談会　アカデミック民俗学と野の学の緊張—福田アジオ氏に聞く」（柳田国男研究会編『柳田国男以後・民俗学の再生に向けて—アカデミズムと野の学の緊張』柳田国男研究⑧、梟社、二〇一九年）

第八章　中央と地方

秋山哲雄『北条氏権力と都市鎌倉』（吉川弘文館、二〇〇六年）
同『都市鎌倉の中世史—吾妻鏡の舞台と主役たち』（吉川弘文館、二〇一〇年）
池享他編『みる・よむ・あるく 東京の歴史2』（通史編2・江戸時代、吉川弘文館、二〇一七年）
石井進『中世武士団』（「日本の歴史」12、小学館、一九七四年）→講談社学術文庫（二〇一一年）
市村高男編著『中世宇都宮氏の世界—下野・豊前・伊予の時空を翔る』（彩流社、二〇一三年）
伊藤瑠美「中世武士のとらえ方はどう変わったか」（秋山哲雄・田中大喜・野口華世編『日本中世史入門—論文を書こう』勉誠出版、二〇一四年）

植田真平『鎌倉府の支配と権力』（校倉書房、二〇一八年）
江田郁夫『室町幕府東国支配の研究』（高志書院、二〇〇八年）
江田郁夫編『下野宇都宮氏』（戎光祥出版、二〇一一年）
同編『中世宇都宮氏—一族の展開と信仰・文芸』（戎光祥出版、二〇二〇年）
大石泰史「公家・将軍家との「外交関係」を支えた今川家の側近たち」（日本史史料研究会監修・大石泰史編『今川氏研究の最前線—ここまでわかった「東海の大大名」の実像』洋泉社歴史新書y、二〇一七年）
大内氏歴史文化研究会編、伊藤幸司責任編集『大内氏の世界をさぐる—室町戦国日本の覇者』（勉誠出版、二〇一九年）
笠谷和比古『江戸御留守居役—近世の外交官』（吉川弘文館、二〇〇〇年）
川岡勉『室町幕府と守護権力』（吉川弘文館、二〇〇二年）
菊池浩幸・清水亮・田中大喜・長谷川裕子・守田逸人「中世在地領主研究の成果と課題」（『歴史評論』六七四、二〇〇六年）
鬼頭宏『文明としての江戸システム』（「日本の歴史」19、講談社、二〇〇二年）→講談社学術文庫（二〇一〇年）
呉座勇一『戦争の日本中世史—「下剋上」は本当にあったのか』（新潮選書、二〇一四年）
小林健彦『越後上杉氏と京都雑掌』（「戦国史研究叢書」13、岩田書院、二〇一五年）
谷口雄太「室町期東国武家の「在鎌倉」—屋敷地・菩提寺の分析を中心に」（鎌倉考古学研究所、二〇二〇年）
栃木県立博物館編『中世宇都宮氏—頼朝・尊氏・秀吉を支えた名族』（栃木県立博物館、二〇一七年）
則松弘明『鎮西宇都宮氏の歴史（改訂増補版）』（翠峰堂、一九九六年）
速水融『歴史人口学の世界』（岩波セミナーブックス、一九九七年）→岩波現代文庫（二〇一二年）
服藤弘司『大名留守居の研究』（創文社、一九八四年）
福間裕爾「「都鄙連続論」の可能性—北部九州の山笠分布を中心に」（『福岡市博物館研究紀要』二、一九九二年）
丸山雍成『参勤交代』（日本歴史叢書、吉川弘文館、二〇〇七年）
村井章介『分裂する王権と社会』（「日本の中世」10、中央公論新社、二〇〇三年）
村石正行「室町幕府同名氏族論—中世後期社会の人的結合をめぐって」（『信濃』六八—一二、二〇一六年）
桃崎有一郎「鎌倉幕府の成立と〝京都文化〟誕生のパラドックス—文化的多核化のインパクト」（中世学研究会編『幻想の京都モデル』「中世学研究」1、高志書院、二〇一八年）

柳田国男『民間伝承論』＊前掲
山田徹「南北朝期における所領配分と中央政治―室町期荘園制の前提」（『歴史評論』七〇〇、二〇〇八年）
同「南北朝期の守護論をめぐって」（中世後期研究会編『室町・戦国期研究を読みなおす』思文閣出版、二〇〇七年）
同「室町領主社会の形成と武家勢力」（『ヒストリア』二二三、二〇一〇年）
同「室町時代の支配体制と列島諸地域」（『日本史研究』六三一、二〇一五年）
山本隆志『東国における武士勢力の成立と展開―東国武士論の再構築』（思文閣出版、二〇一二年）
山本博文『参勤交代』（講談社現代新書、一九九八年）
同『江戸お留守居役の日記―寛永期の萩藩邸』（読売新聞社、一九九一年）→講談社学術文庫（二〇〇三年）
吉田賢司『室町幕府軍制の構造と展開』（吉川弘文館、二〇一〇年）

第九章　天皇と将軍

赤坂憲雄『王と天皇』（ちくまライブラリー、一九八八年）→ちくま学芸文庫（一九九三年）
同『象徴天皇という物語』（ちくまライブラリー、一九九〇年）→ちくま学芸文庫（二〇〇七年）
網野善彦『異形の王権』＊前掲
網野善彦・樺山紘一他編『岩波講座・天皇と王権を考える』全十巻（①『人類社会の中の天皇と王権』／②『統治と権力』／③『生産と流通』／④『宗教と権威』／⑤『王権と儀礼』／⑥『表徴と芸能』／⑦『ジェンダーと差別』／⑧『コスモロジーと身体』／⑨『生活世界とフォークロア』／⑩『王を巡る視線』、岩波書店、二〇〇二～三年）
有光友學編『戦国の地域国家』（「日本の時代史」12、吉川弘文館、二〇〇三年）
石上英一・高埜利彦他編『講座・前近代の天皇』全五巻（①『天皇権力の構造と展開 その1』／②『天皇権力の構造と展開 その2』／③『天皇と社会諸集団』／④『統治的諸機能と天皇観』／⑤『世界史のなかの天皇』、青木書店、一九九二～九五年）
石母田正「解説」（石井進・石母田正・笠松宏至・勝俣鎮夫・佐藤進一校注『中世政治社会思想』上、岩波書店、一九七二年）→新装版（一九九四年）
今谷明『室町の王権―足利義満の王権簒奪計画』（中公新書、一九九〇年）
同『戦国大名と天皇―室町幕府の解体と王権の逆襲』（福武書店、一九九二年）→講談社学術文庫（二〇〇一年）

同『信長と天皇―中世的権威に挑む覇王』（講談社現代新書、一九九二年）→講談社学術文庫（二〇〇二年）
同『武家と天皇―王権をめぐる相剋』（岩波新書、一九九三年）
色川大吉・網野善彦・安丸良夫・赤坂憲雄『天皇制―歴史・王権・大嘗祭』（「別冊文藝」5、河出書房新社、一九九〇年）
勝俣鎮夫『戦国時代論』（岩波書店、一九九六年）
神田裕理『朝廷の戦国時代―武家と公家の駆け引き』（吉川弘文館、二〇一九年）
E・H・カントーロヴィチ著、小林公訳『王の二つの身体―中世政治神学研究』（平凡社、一九九二年、原著一九五七年）→ちくま学芸文庫（上・下巻、二〇〇三年）
高坂正堯『国際政治―恐怖と希望』（中公新書、一九六六年）→（二〇一七年・改版）
谷口雄太『中世足利氏の血統と権威』（吉川弘文館、二〇一九年）
同『〈武家の王〉足利氏―戦国大名と足利的秩序』（吉川弘文館、二〇二一年）
長山恵一「「精神構造」論としての天皇制―赤坂憲雄の天皇制論の整理・検証を通して」（『現代福祉研究』一六、二〇一六年）
ヘドリー・ブル著、臼杵英一訳『国際社会論―アナーキカル・ソサイエティ』＊前掲
M・ブロック著、井上泰男他訳『王の奇跡―王権の超自然的性格に関する研究　特にフランスとイギリスの場合』（刀水書房、一九九八年、原著一九二四年）
細谷雄一『国際秩序―一八世紀ヨーロッパから二一世紀アジアへ』（中公新書、二〇一二年）
水野智之『室町時代公武関係の研究』（吉川弘文館、二〇〇五年）
山田康弘『戦国時代の足利将軍』（吉川弘文館、二〇一一年）
同「やっかいな質問」（『本郷』九五、吉川弘文館、二〇一一年）
同「戦国期足利将軍存続の諸要因―「利益」・「力」・「価値」」（『日本史研究』六七二、二〇一八年）

著者

谷口雄太（たにぐち・ゆうた）

1984年、兵庫県生まれ。東京大学文学部卒業。東京大学大学院人文社会系研究科博士課程単位取得満期退学。現在、東京大学大学院人文社会系研究科（文学部）研究員。立教大学、川村学園女子大学、白百合女子大学非常勤講師。博士（文学）。著書に、『中世足利氏の血統と権威』（吉川弘文館、2019年）、『室町期東国武家の「在鎌倉」』（鎌倉考古学研究所、2020年）、『〈武家の王〉足利氏』（吉川弘文館、2021年）がある。

組版：キャップス
図版製作：グラフ
編集協力：藤原清貴

分裂《ぶんれつ》と統合《とうごう》で読《よ》む日本《にほん》中《ちゅう》世《せい》史《し》

2021年 8 月30日　第1版第1刷発行
2021年 9 月30日　第1版第2刷発行

著　者　谷口雄太
発行者　野澤武史
発行所　株式会社山川出版社
東京都千代田区内神田1－13－13　〒101－0047
電話　03(3293)8131(営業)
03(3293)1802(編集)
印　刷　株式会社太平印刷社
製　本　株式会社ブロケード
装　丁　黒岩二三［Fomalhaut］

https://www.yamakawa.co.jp/

ISBN 978-4-634-15179-6